DIE KUNST DER MANIPULATION UND DUNKLE PSYCHOLOGIE

5 Bücher in 1: Lernen Sie die geheime Technik über Dunkle Psychologie, Emotionale Intelligenz, NLP, Kognitive Verhaltenstherapie & Gedankenkontrolle

SAMUEL GOLEMAN

INHALT

KAPITEL 1: DUNKLE PSY-CHOLOGIE UND BEWUSST-SEINSMANIPULATION

1.1 Was ist mentale Manipulation und wie kann man sie erkennen

Eine der Methoden, mit denen Persönlichkeiten der dunklen Triade von anderen Menschen bekommen, was sie wollen, sind verschiedene Techniken der geistigen Manipulation. Aber warum tappen viele intelligente Menschen in die Fallen, die diese Persönlichkeiten stellen? Es hat mit drei grundlegenden Arten von Emotionen zu tun, die diejenigen, die sie erleben, schwach machen: Angst, Schuld und Mitleid.

Die Manipulation erfolgt hauptsächlich durch verbale Sprache - obwohl sie oft auch nonverbal ist - und veranlasst das Opfer, seine edelsten Gefühle preiszugeben, um es anzugreifen, so wie es ein Raubtier mit seiner Beute macht, an die es sich seit langem heranpirscht und die es perfekt kennt. Viele Gesten und Verhaltensweisen des Opfers hat der Manipulator durch Fragen und andere Hinweise genau studiert, die es ihm ermöglichen, die Schwachstellen dieser Persönlichkeit im Verhältnis zu anderen zu erkennen. Zum Leidwesen des Manipulators ist nicht jede Beute einfach; manchmal ist sein Versuch, zu manipulieren und zu bekommen, was er will, nicht optimal verlaufen.

Manchmal ist der Angreifer seinem Opfer gegenüber so sympathisch und freundlich, dass es erst merkt, dass es den Köder geschluckt hat, wenn es zu spät ist. Das Beispiel aus der Natur ist in dieser Hinsicht aufschlussreich: Das große Raubtier nähert sich seiner Beute meist mitten in der Dunkelheit oder in dem Moment, in dem sie am verwundbarsten ist. Sobald er sich auf seine Beute gestürzt hat, um sie an der Kehle zu packen, ist es zu spät und es bleibt nicht mehr viel zu tun.

Darin liegt der Wert dieses Buches: Wenn Sie die bevorzugten Manipulationsmechanismen des Täters kennen, können Sie darauf reagieren. Wie im Krieg, wenn eine Seite zurückschlägt, werden Sie mit den Elementen, die Sie in diesem Buch lernen werden, in der Lage sein, Maßnahmen zu ergreifen, um zu vermeiden, dass Sie diesen psychologischen und emotionalen Räubern zum Opfer fallen.

Um ins Detail zu gehen, werden wir jede von ihnen analysieren und sehen, welche Mechanismen sie in der Psyche des Opfers und des Täters in Gang setzen. Durch diese Mechanismen lässt sich die Psyche des Opfers leichter den Launen des Manipulators anpassen; je verletzlicher das Opfer ist, desto mehr Macht hat der Täter.

Furcht

Als primärer Mechanismus der Arterhaltung macht uns die Angst besonders verwundbar. Es gibt verschiedene Arten von Ängsten; sie alle sind Ausdruck des weniger rationalen Teils unseres Gehirns, der Schichten, die noch einen Teil des reptilischen Erbes in unserem Säugetierkörper bewahren.

Seine Grundangst besteht in der Furcht vor dem körperlichen Verschwinden oder dem Tod. Angesichts dieser

Angst kann das Opfer sehr verletzlich sein. Die Manipulation durch den Täter kann auf verschiedene Weise erfolgen: indem er dem Opfer vorgaukelt, dass er seine körperliche Unversehrtheit oder die seiner engsten Vertrauten in irgendeiner Weise bedroht; es ist auch möglich, dass die Drohungen gar nicht physischer Natur sind, d. h. dass sie mit dem Ruf oder dem guten Namen einer Person zu tun haben, die an den öffentlichen Pranger gestellt wird, was heutzutage durch die verschiedenen Plattformen und Anwendungen des Internets sehr verbreitet ist.

Es ist auch die Angst vor dem Verlust des Arbeitsplatzes, einer Liebesbeziehung, einer Freundschaft oder eines anderen Faktors, der es den Menschen erlaubt, ihre Wachsamkeit gegenüber diesen dunklen und manipulativen Persönlichkeiten aufzugeben. In vielen religiösen oder pseudospirituellen Organisationen ist ein solches Verhalten üblich. Angesichts der Weigerung, das zu tun, was der Führer sagt, kann das Opfer wenig tun und gibt schließlich den Forderungen des Manipulators nach. Dies kann von Erpressung über moralischen Missbrauch bis hin zu sexuellem Missbrauch, Drohungen, Freiheitsberaubung usw. reichen.

Häufig führt die Angst vor einer abstrakten, nicht konkreten Konsequenz wie einer göttlichen Strafe oder einem Fluch dazu, dass Menschen Handlungen begehen, die sie unter normalen Umständen nicht begehen würden. Die Art der Angst und den Grund zu erkennen, der das Opfer dazu bringt, sich dem Willen des Manipulators zu beugen, ist ein Schlüsselfaktor, um die Kontrolle über diese Art dunkler Persönlichkeiten zu erlangen.

Schuldgefühle

Ein nicht weniger wichtiger Faktor, um Opfer von Manipulation zu werden, sind Schuldgefühle. Das Gefühl, dass wir verpflichtet sind, anderen Menschen zu gefallen, um uns selbst gut zu fühlen, ist etwas, das manipulative Persönlichkeiten und Persönlichkeiten der dunklen Triade sehr gut ausnutzen. Manche Menschen, die sich im Grunde für gut halten, haben das Gefühl, dass sie verpflichtet sind, etwas für andere zu tun. Altruismus, Philanthropie und mitfühlende Hilfe für die Bedürfnisse anderer sind Teil des Moralkodex vieler Religionen und spiritueller Lehren.

Anderen selbstlos zu helfen ist Teil der menschlichen Empathie und des Mitgefühls und macht den Aufbau von Gesellschaften möglich. Für die Mentalität der Manipulatoren ist dies jedoch ein perfektes Instrument, um den Verstand und den Willen ihrer Opfer zu steuern. Anderen zu raten, sich zu verbessern oder etwas zu ihrem eigenen Nutzen zu tun, ist eine lobenswerte Aufgabe, mit der es vielen Fachleuten wie Ärzten, Psychologen, Beratern und Therapeuten gelingt, den Bedürftigen aufrichtige Unterstützung zu geben.

In den Köpfen der Manipulatoren wird diese empathische Eigenschaft jedoch zu etwas, das sie ausnutzen können, um die Schwachstellen ihrer potenziellen Opfer zu analysieren. Menschen ohne das geringste Mitgefühl oder die geringste Rücksicht zu übergehen, um ihre Wünsche zu erfüllen, ist Teil der Mentalität, die von solchen Persönlichkeiten der dunklen Triade verwendet wird.

- Sicher, ich verstehe das, ich habe mich in Ihre Lage versetzt.

- Ich weiß, was Sie jetzt fühlen

- Ich habe auch erlebt, was Sie erleben

- Denn ich weiß, wie Sie sich fühlen, und deshalb möchte ich Ihnen helfen.

Zu den Sätzen, mit denen der Manipulator versucht, in die Gedanken seines Opfers einzudringen, um sich in dessen Lage zu versetzen und sein Vertrauen zu gewinnen, gehören unter anderem.

Die von der manipulativen Persönlichkeit getragene Maske spiegelt Empathie wider, obwohl sie in Wirklichkeit nur vorgetäuscht ist: Sie interessiert sich überhaupt nicht für die Probleme oder Bedürfnisse ihres potenziellen Opfers; sie tut nur so, als ob sie tot wäre, wie eine Giftschlange, die sich totstellt, um ihrer Beute, die sich ihr nähert, um sie zu beschnuppern und sich zu vergewissern, dass sie sich nicht wirklich bewegt, den tödlichen Biss zu versetzen. Opfer beschreiben ihre psychopathischen, narzisstischen und manipulativen Angreifer später meist als Menschen, die kein Funkeln in den Augen oder einen "Schlangenblick" auf ihren ausdruckslosen Gesichtern hatten.

Von Schuldgefühlen zerfressene empathische Persönlichkeiten können nicht verstehen, dass jemand nicht in der Lage ist, sich in ihre Lage zu versetzen und auch nur einen Hauch von Mitgefühl für andere zu zeigen. Das ist etwas, das sie nicht verarbeiten können und das sie lange Zeit verfolgt haben. Diese Art von Trauma nach einer Beziehung mit einer dieser Persönlichkeiten ähnelt dem, das viele Kriegsveteranen erleben. Posttraumatischer Stress hindert die Opfer daran, zu einem erfüllten Leben zurückzukehren und das Blatt vollständig zu wenden und weiterzugehen; er hindert sie daran, jemals Vertrauen in gute Absichten oder verbale Äußerungen des Mitgefühls von neuen Menschen zu haben, mit denen sie in Zukunft zu tun haben werden.

1.2 Wie kann man manipulative Persönlichkeiten erkennen?

Nicht alle manipulativen Persönlichkeitstypen sind beim Erreichen ihrer Ziele erfolgreich. Wenn es einem Manipulator nicht gelingt, eine der Eigenschaften zu erreichen, die eine typische manipulative Persönlichkeit kennzeichnen, ist die Wahrscheinlichkeit gering, dass er von seiner Beute bekommt, was er will.. Die drei Haupteigenschaften des typischen manipulativen Persönlichkeitstyps sind:

- Verschleiern oder Verbergen der tatsächlichen Absichten von Aggression gegenüber anderen.

- Lernen Sie die Schwächen Ihres potenziellen Opfers kennen, indem Sie seine wichtigsten Schwachstellen untersuchen.

- Sie neigen zu Grausamkeit gegenüber ihren Opfern; sie zeigen keinerlei Mitgefühl gegenüber ihren Opfern in Bezug auf ihre psychische, physische oder verbale Gewalt.

Eine manipulative Persönlichkeit hat für jeden ihrer Beutetiere einen genauen Plan, je nachdem, was sie von ihm erwartet. Wenn sie ihr Ziel erreicht hat, wird sie diese Person wegwerfen, so wie man einen Plastikbecher wegwirft, wenn das Essen fertig ist. Ein erfolgreicher Manipulator hat keine Skrupel. Der Manipulator schafft eine Kategorie für dieses und das nächste Opfer. Um dies zu erreichen, muss er das vollständige und absolute Vertrauen seines Opfers gewinnen; er wird bereit sein, es zu unterstützen, ihm zuzuhören, ihm seine volle Aufmerksamkeit zu schenken, damit sich sein Opfer wohl fühlt.

Eine der wichtigsten Investitionen, die der Räuber tätigen muss, ist die Zeit, die er braucht, um die wichtigsten schwachen Eigenschaften des Opfers kennenzulernen. Der Manipulator wird sich jedes Mal, wenn er mit seinem Opfer spricht oder ein Wort mit ihm wechselt, gedanklich Notizen machen: Was macht er gerne? Welche Gefühle überwältigen ihn und machen ihn verletzlicher? Wie viel Einfühlungsvermögen hat er? Ist er scharfsinnig genug, um zu merken, dass er manipuliert wird? Hat er altruistische Züge? Kümmert er sich um gerechte Dinge wie Tiere, die Umwelt oder soziale Gleichheit?

Man könnte den Bearbeiter mit einer fleischfressenden Pflanze vergleichen, die sich ihrer Beute nähert: Sie nähert sich ihr wegen ihrer leuchtenden Farben und der Gerüche, die sie verströmt. Das Insekt wird das Gefühl haben, dass es sich an einem angenehmen Ort befindet, so wie wir uns in einem schönen, luxuriösen Restaurant wohlfühlen, wo wir uns wohl fühlen. Ist die Beute erst einmal gefallen, ist es zu spät, wenn sie in den Klauen der fleischfressenden Pflanze gefangen ist. Das ist es, was eine manipulative Persönlichkeit tut, wenn ihr Opfer gefallen ist: Sie packt es am Hals und es kann nicht mehr entkommen. Für die Beute wird es zu spät sein, auch wenn seine Freunde und Vertrauten ihn tausendmal vor der beunruhigenden Persönlichkeit dieses Wesens gewarnt haben, das so charmant war und von dem er so viel sprach, weil er nur positive Aspekte sah.

Wenn Sie sich diese drei Hauptmerkmale manipulativer Persönlichkeiten vor Augen halten, können Sie beginnen, die Mechanismen zu verstehen, mit denen sie das Vertrauen ihrer Opfer gewinnen und vermeiden, in ihre psychologischen Fallen zu tappen.

2 - DIE GRUNDLAGEN DER TÄUSCHUNG: WIE WIR GETÄUSCHT WERDEN

Obwohl die Manipulation mit der Täuschung vergleichbar ist, gibt es radikale Unterschiede zwischen den beiden. Erstere, d. h. die Manipulation, ist in der Regel viel subtiler als die Täuschung. Derjenige, der manipuliert wird, fühlt sich selten als Opfer des Manipulators; die Täuschung hingegen ist etwas grober und offener. Handelt es sich bei dem Täter jedoch um einen Geist der dunklen Triade, ist es sehr wahrscheinlich, dass sich das Opfer der unmerklichen Mechanismen zur Durchführung der Strategie zur Erreichung des Ziels nicht bewusst ist (weshalb der Machiavellismus zur dunklen Triade gezählt wird).

Um den Unterschied zu verstehen, werden wir die Analogie einer Marketingkampagne verwenden. Wir wissen sehr wohl, dass es bei Marketingstrategien üblich ist, durch Manipulation einen direkten Effekt zu erzielen. Eine gute Kampagne ist nur dann erfolgreich, wenn sie den Käufer dazu bringt, das beworbene Produkt zu kaufen. Zuallererst muss die Aufmerksamkeit des Käufers auf das Produkt gelenkt werden.

Der erste Schritt dieser Überzeugungsarbeit ist der Einsatz der verbalen Sprache. Auf diese Weise macht der Werbetreibende seinen ersten Vorstoß in das Gehirn des potenziellen Kunden. Um den Kauf zu erreichen, werden wir in der gesamten Werbung Sätze wie diese hören:

- Dieses Produkt wird Ihr Leben verändern.

- Als ich es ausprobierte, dachte ich nicht, dass ich jemals wieder die Marke wechseln würde.

- Zuerst war ich skeptisch. "Warum sollte ich ein weiteres Produkt kaufen, wenn ich schon eines habe, das ich mein ganzes Leben lang benutze", dachte ich, bis ich es ausprobierte. Es war erstaunlich...

Die Marketingpsychologie bestätigt, dass die Manipulation bei guter Verwendung einer überzeugenden Sprache viel wirksamer ist als bei einer direkten und aggressiven Sprache. Auch politische Kampagnen bedienen sich häufig der Manipulation durch verbale Sprache:

- Wir werden den Kurs des Landes ändern

- Machen Sie mit uns gemeinsam das Unmögliche möglich

- Wir werden als Team Geschichte schreiben

Durch diese Verwendung des Plurals fühlt sich der Empfänger der Botschaft in die Botschaft einbezogen; er hat das Gefühl, dass er Teil von etwas ist, oder dass der politische Führer ihn berücksichtigt und sich immer an ihn wendet.

Dies sind zwei Möglichkeiten, um die manipulativen Strategien aufzuzeigen, die Marketing-Manager mit Hilfe der Sprache verfolgen (sie bezeichnen diese Strategie gewöhnlich als Persuasion, da dies politisch weniger unkorrekt klingt).

Manipulatoren sind oft besonders geschickt darin, Sprache einzusetzen, um ihre Ziele zu erreichen. Diese manipulativen Persönlichkeiten der dunklen Triade: machiavellistisch, narzisstisch, soziopathisch und extrem egoistisch, erlernen oft schnell psychologische Fähigkeiten durch eine ausgefeilte Verbalisierung, die ihren Opfern ein gutes Gefühl vermittelt.

Die Verwendung des Plurals "wir", "zusammen", "wir werden", "komm schon", "du und ich" sowie "du bist mir sehr wichtig", "ich liebe dich sehr", "du bist der besonderste Mensch in meinem Leben" usw. sind oft wirksame Schlagworte, mit denen sie erreichen, was sie wollen.

Während die Worte selbst vielleicht nicht wirklich genug Gewicht haben, um die Manipulationsstrategie zu erreichen, ist es ihr emotionaler Kontext, der potenzielle Opfer dazu bringt, sich dem Willen des Täters zu beugen.

Obwohl das Thema der dunklen Psychologie und der mentalen Manipulationstechniken immer populärer wird, beschäftigt sich die Psychologie bereits seit den 1970er Jahren mit diesem Thema. Einer der Forscher, der Ende der 1970er Jahre den Einfluss der Strategien des Manipulators auf seine Opfer untersuchte, Richard E. Petty[1] , analysierte,

---

[1] Richard E. Petty, John T. Cacioppo. DAS ELABORATIONSWAHRSCHEIN-LICHKEITSMODELL DER ÜBERREDUNG. Copyright 0 1986 von Academic

dass Opfer, die zuvor vor der kognitiven Voreingenommenheit des Manipulators gewarnt wurden, viel weniger anfällig waren als diejenigen, die den Prozess der Manipulation durch den Manipulator durch seine Worte und Handlungen herunterspielten.

Eine weitere häufige manipulative Neigung ist das, was in der Psychologie als Regel der Reziprozität bekannt ist, die darin besteht, dass wir uns moralisch verpflichtet fühlen, eine gute Tat, die wir von jemand anderem erhalten haben, zu erwidern. Einfach ausgedrückt bedeutet dies, dass wir jemandem, der uns einen Gefallen getan hat, zu Dank verpflichtet sind.

Diese Regel der Gegenseitigkeit ist im Marketing sehr verbreitet und wird natürlich von Manipulatoren und Persönlichkeiten der dunklen Psychologie genutzt, um Ergebnisse mit hoher Effektivität zu erzielen.

Es ist üblich, dass der Täter selbstlos seine Hilfe anbietet, um von seinem Opfer das zu bekommen, was er sucht. Hilfsbereitschaft, Unterwürfigkeit und übermäßige Freundlichkeit gegenüber einer anderen Person ist ein üblicher Charakterzug des Manipulators, um das ultimative Ziel zu erreichen, weshalb er oder sie daran interessiert ist, so große Anstrengungen zu unternehmen, um einer anderen Person zu helfen. Dies gilt natürlich nur am Anfang, denn früher oder später wird die Maske fallen.

Diese Strategie der Manipulation hat sich im Laufe der Geschichte in verschiedenen Zusammenhängen bewährt. In

---

Press. Inc. S. 181. https://richardepetty.com/wp-content/uploads/2019/01/1986-advances-pettycacioppo.pdf

internationalen Kriegen und Konflikten haben Spione, die der gegnerischen Seite wertvolle Informationen entlockt haben, wahllos die Strategie der Regel der Gegenseitigkeit angewendet. "Wenn ich dir etwas gebe, gibst du mir etwas" könnte das passende Motto für diese Art von psychologischem Werkzeug sein. Der Täter erzählt Halbwahrheiten oder lässt Worte aus seinem Mund kommen, um das Opfer durch Schmeicheleien, Lob und Höflichkeit nach und nach zum Einlenken zu bewegen, bis sein psychologischer Widerstand überwunden ist.

Ausweichmanöver im verbalen Diskurs mit Umwegen, Themen- und Interessenwechsel, wie z. B. bei einem ersten zwanglosen Treffen bei einem Kaffee, das Zeigen tiefer Verletzlichkeit durch das Erzählen intimer Anekdoten oder das Spielen einer kleinen dramatischen Rolle mit vorgetäuschtem Weinen und Schluchzen, um den Widerstand ihrer Beute zu bewegen, sind je nach dem Grad der Empathie des Manipulierten oft erfolgreich.

Zeugnis der Manipulation aus dem wirklichen Leben

Mein Name ist Janet. Ich lebe in New York und bin dreißig Jahre alt. Seit etwa acht Jahren arbeite ich als Kommissionärin. In meinem Beruf treffe ich viele Menschen. Ich habe soziale Fähigkeiten entwickelt, die es mir ermöglichen, skrupellose oder toxische Menschen, wie z. B. dunkle Persönlichkeiten, Narzissten oder Manipulatoren, besser zu verstehen. Vor ein paar Jahren ist mir etwas mit einer solchen Person passiert, die ich John nennen möchte.

Ich lernte ihn auf einer Party kennen, die Cris, ein Freund von mir, gab.

"Janet", sagte er enthusiastisch, "du musst zur Party kommen" Ich möchte dir einen fantastischen Mann vorstellen. Er ist ganz allein nach New York gekommen und hat in weniger als einem Jahr sein eigenes Unternehmen eröffnet; er verdient fast eine halbe Million im Jahr.

Eine halbe Million? Ich dachte, Cris übertreibe, denn um mich in der Stadt zu etablieren, musste ich fast drei Jahre lang mehrere harte Jobs erledigen. Diese "Leistung" hat mein Interesse an John geweckt.

Als ich ihn an diesem Abend traf, war ich beeindruckt. Er trug einen tadellosen dunklen Anzug, mit Manschettenknöpfen und einer sehr eleganten Krawatte. Seine Schuhe waren italienisch, und sein Bart war nüchtern und stilvoll gestylt. Er strahlte eine Aura von Sinnlichkeit und Kultiviertheit aus. Als ich begann, mich mit John zu unterhalten, war ich überrascht, dass er über so viele Themen Bescheid wusste; er sprach mehrere Sprachen.

"Als ich John nach seinem Geschäft fragte, erzählte er mir, dass es sich um ein Sozial-Engineering-Projekt zur Analyse statistischer Trends handelte." Das war etwas, das mich sehr interessierte, und jedes Mal, wenn er mir davon erzählte, zog ich den Faden. Jetzt, wo ich rekapituliere, wird mir klar, dass er mich analysierte; ich war eine Art Insekt, das er mit einem Lächeln unter dem Mikroskop betrachtete. Ich habe seine geistige Schärfe unterschätzt.

So kam ich in eine Beziehung mit John. Ich muss zugeben, dass ich ihn überhaupt nicht mochte, aber was mich faszinierte, waren seine Intelligenz und seine Fähigkeit, Projekte auf den Weg zu bringen. Als wir anfingen, einander mehr und mehr zu vertrauen, ließ er die Bombe platzen.

"Janet", sagte er beim Abendessen in einem exklusiven Restaurant, "ich möchte, dass du dich an dem Projekt beteiligst. Jetzt, wo die Wahlen vor der Tür stehen, möchte ich, dass du Teil des Unternehmens wirst.."

Ich war begeistert, denn John hatte eine große psychologische Fähigkeit, zwischen den Zeilen des Verhaltens und des nonverbalen Ausdrucks zu lesen. Ich sagte ihm, dass ich gerne an seinem Leben und seinen Projekten teilhaben würde. So habe ich zugestimmt, ins Geschäft einzusteigen.

-Aber ich muss dir etwas sagen", John machte ein grimmiges Gesicht und machte eine seiner typischen Gesten, wenn er log, um mich zu manipulieren, "wenn es dir nichts ausmacht, mir ein Darlehen von 250.000 zu geben, damit ich mich auf das Projekt konzentrieren kann. Ich muss den Softwareentwicklern Geld zahlen... Aber ich zahle dir innerhalb von zwei Monaten das Doppelte.

Jedes Mal, wenn John sprach, wurde ich in eine Art Bann gezogen, eine Hypnose, die mich dazu brachte, ihm jedes Wort zu glauben, selbst wenn er behauptete, er könne über Wasser gehen.

Ein paar Tage nach dem Abendessen überwies ich den von ihm geforderten Betrag auf das Konto. John war sehr dankbar. Er sagte, ich solle an diesem Abend feiern, aber ich hätte noch viel zu tun. Da wir uns nicht sehen konnten, sagte er, dass er in dieser Nacht nach Vancouver reisen würde, aber hoffte, mich in weniger als zwei Wochen wiederzusehen.

"Du bist etwas ganz Besonderes für mich: Ich liebe dich", schrieb sie in der Bildunterschrift vom Flughafen aus in jener verschneiten Nacht, die ich nie vergessen werde.

Was geschah mit John? Nun, danach habe ich ihn nie wieder gesehen. Er blockierte mich in allen seinen sozialen Netzwerken und änderte seine Telefonnummer. Als ich Cris traf, tat es ihm sehr leid, so sehr, dass er praktisch den Kopf in den Sand steckte wie ein Strauß. Er gestand mir, dass ihm ein Freund in Vancouver erzählt hatte, er habe gehört, dass John mindestens ein halbes Dutzend reicher Frauen betrogen habe. Er wurde nie wieder in der Stadt gesehen.

John war der Inbegriff des "gutaussehenden, narzisstischen, manipulativen Mannes mit größenwahnsinnigen Eigenschaften".

3 - PSYCHOLOGISCHE HINTERGRÜNDE DER MANIPULATION UND DER DUNKLEN TRIADE

Um besser zu verstehen, wie die psychologischen Mechanismen der Manipulation bei Persönlichkeiten der dunklen Triade funktionieren, muss man ihnen auf den Grund gehen. Wie wir gesehen haben, gibt es Elemente, Handlungen und Muster, die darauf hinweisen, dass wir von einer Persönlichkeit der dunklen Triade manipuliert werden, die versucht, uns zu manipulieren, oder die uns bereits manipuliert hat, bis zu dem Moment, in dem wir erkannt haben, dass wir manipuliert werden.

3.1 Was ist Machiavellismus?

Der Begriff Machiavellismus geht vor allem auf den italienischen Schriftsteller und Diplomaten Niccolò Machiavelli (1469-1527) zurück, der durch seine Abhandlung "Der Fürst" berühmt wurde, in der er ausführlich die wichtigsten Faktoren erläuterte, die zur Erlangung von Macht mit unorthodoxen Mitteln führten.

In dieser Reihenfolge könnte man den Machiavellismus als eine Reihe von Strategien bezeichnen, die darauf abzielen, das gewünschte Ziel durch Strategien der Manipulation, Täuschung und psychologischen Überredung zu erreichen. Aber im Gegensatz zur Manipulation (die im vorigen Kapitel behandelt wurde), konzentriert sich der Machiavellismus nicht so sehr auf die Kontrolle und Täuschung durch Gefühle, sondern eher auf eine kognitive und intellektuelle Analyse. Das bedeutet, dass die machiavellistische Persönlichkeit stets kühl analysiert, wie sie ihr Opfer am besten nutzen kann.

Aus diesem Grund haben sich vor allem die großen politischen Führer der Geschichte machiavellistischer Verhaltensweisen bedienen müssen, um ihren Willen durchzusetzen. Es wurde zu Recht gesagt, dass Politik die Kunst der Täuschung ist; sie ist aber auch einer der Hauptarbeitsbereiche und -analysen dieses Persönlichkeitstyps, da Berufspolitiker in der Regel eine große Kontrolle der Emotionen durch verbale und nonverbale Sprache zeigen, um ein hohes Maß an Erfolg in ihrer Führungsaufgabe zu erreichen.

Die machiavellistische Persönlichkeit entbehrt jeglichen moralischen Quellen. In "Der Fürst" lautet eine der berühmtesten Maximen des florentinischen Autors: "Der

Zweck heiligt die Mittel", was die Synthese des Geistes des Werkes sein könnte. Ein wahrer Anführer kümmert sich nicht um moralische Details, sondern nimmt sich einfach, was ihm gehört. Die Gefühle und Illusionen anderer zu verletzen, ist eine einfache Konsequenz: So wie die Zubereitung des Omeletts eine Folge davon ist, dass man zuvor die Eier zerbrochen hat.

Die Praktiken machiavellistischer Persönlichkeiten, wie andere zu verletzen oder zu übervorteilen, sind weit verbreitet. Dies ist einer der Hauptgründe, warum übermäßig einfühlsame Menschen nicht verstehen, wie der Manipulator so wenig Rücksicht auf diese oder jene Person nehmen konnte, um seine Ziele zu erreichen: Sie verstehen diese "Verkümmerung" des emotionalen Systems nicht.

Der Machiavellist ist in der Regel mit den menschlichen Persönlichkeitsmerkmalen und Verhaltensweisen bestens vertraut. Gerade deshalb kann er kein Mitleid haben, wenn es darum geht, andere zu täuschen, zu belügen und zu überreden, genau das zu tun, was er von ihnen will. Das Opfer der machiavellistischen Persönlichkeit muss, um es elegant auszudrücken, passiv mitarbeiten, um zu einem Objekt, einem Instrument und einem Weg zu werden, durch den die Person mit der machiavellistischen Persönlichkeit hindurchgehen wird, um ihr Endziel zu erreichen.

Viele politische und gesellschaftliche Führer haben machiavellistische Züge gezeigt. Aus der Liste der machiavellistischen Namen und Handlungen in der Geschichte können die folgenden genannt werden:

- Katharina von Medici, die die Lehren des Florentiners anwandte, um die Protestanten in

Frankreich in der Bartholomäusnacht zu vernichten.

- Kardinal Richelieu, der den Protestanten die Staatskasse Frankreichs auf dem Silbertablett servierte, um die Niederlage Spaniens zu provozieren.

- John Locke und Adam Smith, die die Grundlagen der liberalen Ökonomie legten, durch die Stabilität des Systems, das unter anderem die Ungestümheit des freien Wettbewerbs zwischen den Händlern rechtfertigte.

- Antonio Gramsci, der italienische Kommunistenführer, der an eine passive Revolution appellierte und versuchte, einen Volksaufstand herbeizuführen, indem er das Volk in die Knie zwang.

- Ferdinand VII. von Spanien, der, um seinen Status quo in den europäischen Konflikten aufrechtzuerhalten, eine Annäherung an Napoleon herbeiführte, und zwar auf Kosten seiner eigenen königlichen Linie und unter Verrat an seinem eigenen Heimatland.

- General Francisco Franco, der seinen Machiavellismus unter Beweis stellte, indem er sich nach der Niederlage im Zweiten Weltkrieg von den Achsenmächten Deutschland und Italien distanzierte, trat an die US-Regierung heran, um einen Pakt zu unterzeichnen.

3.2 Der Egoismus und seine narzisstischen Mechanismen

Die modernen Gesellschaften haben uns daran gewöhnt, egoistisch zu sein, um des so genannten individuellen Erfolgs willen. Ego-Kult, Konkurrenzdenken und mangelndes Einfühlungsvermögen für andere führen dazu, dass narzisstisches Verhalten immer weiter verbreitet ist. Die narzisstische Persönlichkeit zeichnet sich durch einen hohen Anteil an Selbstsucht aus. In den sozialen Netzwerken sieht man häufig Fotos, auf denen Menschen mit ihrem Lebensstil, ihrer Kleidung, ihren Autos, ihren Reisen und sogar ihren Familienmitgliedern prahlen, als wären sie nur Beiwerk und würden nur für das perfekte Bild posieren, das sie in ihrem Kopf entworfen haben.

Obwohl der Narzissmus eine positive Komponente hat, vor allem um das Selbstwertgefühl zu steigern und trotz der Kritik, die um uns herum aufkommen kann, etwas zu erreichen, nimmt das narzisstische Verhalten, wenn es zu einer Tendenz wird, das Aussehen von Toxizität an. Die ständigen Forderungen des Narzissten, seine größenwahnsinnige Persönlichkeit, sein übersteigertes Selbstwertgefühl nehmen bereits in den infantilen Stadien die Form einer zukünftigen Persönlichkeitsstörung an.

Zwar hat jeder von uns egoistische Persönlichkeitsmerkmale, doch bei Narzissten sind diese deutlich ausgeprägt und heben sich von den anderen ab. Ein Großteil der Entstehung und Entwicklung der NDPD (Narzisstische Persönlichkeitsstörung) wird in der Kindheit angelegt; in einigen Fällen zeigen Kinder narzisstischer Eltern oft Züge dieser Art von Störung, obwohl die Wissenschaft noch keine absolute Meinung dazu hat.

In der Vorstellung eines Narzissten steht er immer an erster Stelle; der Rest der Menschheit spielt keine Rolle: Er ist dazu da, seine Größe, Exzellenz, Schönheit, Perfektion, Intelligenz und Eleganz zu erkennen. Der Narzisst ist wie eine Art Stern, um den der Rest seines planetarischen und unbedeutenden Systems kreist. Sie könnten nicht existieren, wenn ihre helle und warme Persönlichkeit sie nicht mit ihrer ständigen Präsenz erleuchten und nähren würde.

Der Narzisst wird immer da sein, um Verhalten zu korrigieren, zu lehren, zu erziehen, zu führen, zu retten, zu leiten, zu beraten, zu belehren usw. Er wird immer Fehler in anderen sehen, nur Qualitäten in sich selbst. Es ist ein Wesen, das dazu geschaffen ist, fehlerfrei, fehlerlos, hässlich oder unbeholfen zu sein. Sein Geist ist unempfindlich gegen Kritik. Er hört nicht auf sie, weil sie von minderwertigen Wesen kommt, denn so sieht er sie und nicht anders. Niemals kann jemand, der empathisch ist, der Persönlichkeit eines Narzissten gerecht werden.

Es gibt zwei Arten von typischen narzisstischen Persönlichkeiten: offene und verdeckte Persönlichkeiten.

Offene Persönlichkeit:

Dieser Typ der narzisstischen Persönlichkeit hält seine Existenz für einzigartig und glaubt, dass niemand sich mit ihm vergleichen kann. Der einzige Weg, mit diesem Persönlichkeitstyp umzugehen, ist die Unterwerfung: Wenn sie nicht verehrt werden, als wären sie ein Stern oder eine Gottheit, würden sie denjenigen abwerten, den sie früher auf eine bestimmte Art und Weise respektiert haben.. Die Nichtexistenz wird die neue Kategorie sein, in die diejenigen fallen werden, die nicht auf die offen narzisstische Persönlichkeit herabsehen.

Die offenkundig narzisstische Persönlichkeit ist im Allgemeinen mit einer positiven Energie aufgeladen, die jedoch flüchtig ist. Sie ist aufgrund ihres Bedürfnisses, viel Aufmerksamkeit von denen zu erhalten, die sich ihnen nähern, schnell erschöpft. Sie neigen zu einem flüchtigen Charisma, das verblasst, sobald sie Kritik erhalten, selbst wenn diese konstruktiv ist. Ihr Mangel an psychologischer Introspektion ist offensichtlich, und deshalb reagieren sie oft nicht auf Beobachtung oder Kritik, wie oben erwähnt. Sie sind häufig eifersüchtig in Beziehungen, sei es beruflich, emotional oder geschäftlich; ihr Mangel an Selbsteinschätzung macht sie schwach, da sie kein echtes Selbstwertgefühl haben.

Verborgene Persönlichkeit:

Die verdeckte narzisstische Persönlichkeit verbirgt sich unter einer Maske der Schüchternheit oder Verletzlichkeit. Obwohl er nicht als dominante oder überhebliche Persönlichkeit angesehen werden kann, hat der verdeckte Narzisst eine Persönlichkeit, die nicht so stark ist wie die offene, die sich hinter dem Schleier der Bescheidenheit verbirgt. Er weiß sehr wohl, was er tut, und deshalb wechselt er ständig zwischen Überlegenheit und Bescheidenheit.

Zu ihrem Funktionsmechanismus gehört es, dass sie verletzlich sind, sich beklagen und behaupten, viel zu leiden und sich ständig selbst zum Opfer zu machen. Sie sind nicht sehr widerstandsfähig und neigen dazu, einen bescheidenen sozialen Status zu haben und in hierarchischen Machtstrukturen unbemerkt zu bleiben, vor allem, weil sie die Kritik, die um sie herum aufkommt, nicht sehr gut vertragen. Sie neigen dazu, sich herabgesetzt zu fühlen, wenn jemand in ihrem nahen Umfeld mehr Macht, Charisma oder eine stärkere Persönlichkeit hat als sie selbst.

Aus diesem Grund neigen sie dazu, Mitleid und Mitgefühl als Kontrollmechanismus einzusetzen; sie sind sich bewusst, dass es gesetzliche soziale Normen gibt, und versuchen daher, in der Öffentlichkeit innerhalb der Grenzen anzugreifen, die diese Normen zulassen, aber im Privaten werden sie viel aggressiver sein. Sie neigen dazu, soziale Hierarchien zu verachten, respektlos zu sein und sie nicht zu respektieren. Sie kennen ihren Platz in der sozialen Pyramide; aus diesem Grund fühlen sie sich in der mittleren Führungsebene sehr wohl, wo sie die übrigen Untergebenen nach Belieben beschimpfen können. Neurose ist eine ihrer charakteristischen Eigenschaften. Sie haben keine starke Befehlsgewalt und neigen dazu, eher selbstgefällig und schmierig zu sein.

3.3 Bewusstseinskontrolle und Manipulationstechniken

Ein interessanter Aspekt der dunklen Psychologie hat mit Gedankenkontrolle und Manipulationstechniken zu tun. Im Laufe der Geschichte, aber vor allem im 20. Jahrhundert, als die Psychologie Schulen begannen zu lernen, wie diese Manipulationsstrategien angewandt werden, taten die wichtigsten Sicherheits- und Geheimdienste der Welt dasselbe, um Verbrechen aufzuklären und Fälle von Serienverbrechen zu analysieren.

Manipulatoren sind sehr geschickt darin, sich in die Gedanken ihrer Opfer hineinzuversetzen und ihr Glaubenssystem zu verändern, um sie davon zu überzeugen, das Gegenteil von dem zu tun, was sie denken, sowohl über sich selbst als auch über die Welt. Obwohl der Gedanke an Manipulation negativ klingen mag, werden nach den derzeitigen Trends praktisch alle Menschen durch Kultur, Erziehung und soziales Verhalten von frühester Kindheit an manipuliert.

Lehrer, Familienmitglieder, Freunde, Arbeits- oder Studienkollegen, Nachbarn, Partner usw. beeinflussen auf die eine oder andere Weise die Wertschätzung, die wir haben, bevor und nachdem wir ihre Meinung kennen. Diese bestimmen unsere Handlungen, die wiederum unsere Zukunft beeinflussen, und zwar auf allen Ebenen: wirtschaftlich, psychologisch, beruflich, akademisch, emotional, sozial usw.

In allen Bereichen des Lebens können wir die Mechanismen der Überzeugung und der Manipulation beobachten. So manipuliert ein Politiker seine potenziellen Wähler, damit sie für ihn stimmen, und versucht, sie mit seinen Ideen und Vorschlägen zum Umdenken zu bewegen; geistliche Führer tun dasselbe mit ihren Anhängern, indem sie rhetorische Mittel einsetzen, um sie zu bewegen, zu verängstigen oder zu begeistern, damit sie den Lehren und Geboten folgen, die er verkündet; große Geschäftsleute und Vorstandsvorsitzende globaler Unternehmen setzen Überzeugungs- und Manipulation Argumente ein, um ihre Kunden davon zu überzeugen, dass sie ein solches Produkt und nicht das der Konkurrenz kaufen sollten.

Der menschliche Verstand verfügt über einen Mechanismus, wenn er etwas entdeckt, das seinen moralischen oder ethischen Vorstellungen zuwiderläuft. Wenn also jemand auf ein Argument stößt, das seinem Glaubenssystem oder seinen Vorstellungen, mit denen er seit seiner Kindheit aufgewachsen ist, widerspricht, kommt es zu einem Konflikt. Dies wird in der Psychologie als kognitive Dissonanz bezeichnet. Es bedeutet, dass das Gehirn nicht in der Lage ist, eine Idee zu verstehen oder zu verarbeiten, die im Gegensatz zu der vorgegebenen steht.

Manipulatoren sind sehr geschickt darin, ihre Konzepte so zu verändern, dass sie zu dem Zeitpunkt, zu dem sie versuchen, ihre Opfer zu überzeugen, das zu tun, was sie wollen, zu den Überzeugungen und Vorstellungen der jeweiligen Person passen.

Ein großer Teil der zwanghaften Entscheidungen oder Käufe ist zum Beispiel auf die Manipulation unseres Gehirns durch Marketingtechniken zurückzuführen. Produkte zu kaufen, die wir nicht brauchen, oder Käufe zu tätigen, zu spenden oder Geld oder Aufmerksamkeit für etwas zu geben, das uns nicht interessiert, zu dem wir aber unbewusst gezwungen werden, ist eine Ursache der Manipulation.

Einige gängige Formen der Manipulation kommen oft unter dem Deckmantel guter Absichten daher.

Die Werbespots, die uns bewegen, mit melancholischer Musik, Bildern von Hilflosigkeit und Traurigkeit, mit einer abschließenden Botschaft, die besagt: "Helfen Sie uns, dass

Kinder aus Land X nicht in der Dritten Welt leiden müssen.". Spenden Sie ein Sandkorn auf dieses Konto und diese Website und helfen Sie, ein Leben zu retten", ist eine nicht sehr subtile Form der psychologischen Manipulation.

Der Bericht einer Frau, die in einer Anwaltskanzlei in einer europäischen Großstadt gearbeitet hat, kann deutlich machen, wie sehr wir alle manipuliert werden können.

"Mein Name ist Mary", ich benutze ihn, um meinen richtigen Namen zu verbergen. Ich arbeitete in einer Anwaltskanzlei in einer europäischen Hauptstadt. Meine Arbeit bestand im Wesentlichen aus der Ablage von Dokumenten, dem Umgang mit dem Personal und anderen Verwaltungsaufgaben. Ich arbeite montags bis freitags sechs Stunden, aber nach etwa sechs Monaten begann mein Chef, mich zu bitten, ein paar Stunden länger zu bleiben.

"Ich habe zwei Kinder und niemanden, der sich um sie kümmert." Also habe ich ihm gesagt, dass ich das im Prinzip nicht kann, aber er hat darauf bestanden. Er versprach mir sogar, mir mehr zu zahlen und mir einen Tag in der Woche freizugeben, wenn ich das wollte. Er benutzte immer Argumente wie: "Du weißt, dass es dem Unternehmen nicht so gut geht; wir brauchen kollektive Opfer", womit er den Eindruck erwecken wollte, dass er Hilfe brauchte und dass ich natürlich auch arbeiten musste.

"Im ersten Monat, in dem er mich darum bat, blieb ich zwei Stunden." Dann verlangte er, dass ich immer mehr Stunden der Arbeit fernblieb. "Mary", sagte mein Chef, "du wirst Arbeit mit nach Hause bringen müssen, da die Frau, die deine Assistentin war, beschlossen hat, zu kündigen." Das war etwas, das mich in eine unangenehme Situation brachte. Ich ertrug es noch zwei Monate lang, bis er mich eines Tages bat, für ein Wochenende zu Hause zu arbeiten....

"Ich hatte die Wahl, ihm zu sagen, er solle mich bezahlen oder ich würde ihn wegen Belästigung am Arbeitsplatz anzeigen." Mein Chef hat versucht, mich auf viele Arten zu manipulieren, aber am Ende habe ich eine Entschädigung bekommen. Der Gerechtigkeit wurde Genüge getan, aber können Sie sich vorstellen, wie viele Fälle nicht ans Licht kommen, weil die Menschen schwächer sind oder von der Macht ihrer Chefs eingeschüchtert werden?

Manchmal sind die Manipulationstechniken sehr subtil, und wir brauchen bestimmte Gesten oder Handlungen, um zu wissen, dass wir Opfer dunkler Persönlichkeiten sind. Die meisten Gehirne sind empathisch. Das heißt, sie sind empfänglich für positive Gefühle wie Freundlichkeit, Freude, Solidarität, Brüderlichkeit usw. Die Gehirne von Menschen mit manipulativen, narzisstischen oder machiavellistischen Zügen sind unempfänglich für Empathie, weshalb sie grundlegende Techniken anwenden, um die Gehirne ihrer potenziellen Beute zu manipulieren.

Im Folgenden werden wir uns einige dieser grundlegenden Manipulationstechniken ansehen, die für dunkle Persönlichkeiten sehr effektiv sind, um ihre Ziele zu erreichen:

Lächeln:

Lächeln ist eine sehr wirksame Form der Einfühlung. Das Gehirn interpretiert es als eine freundliche und einfühlsame Geste, die Annäherung und Vertrauen garantiert.

Wenn wir einem Fremden begegnen, ist eine der empathischen Gesten ein Lächeln. Obwohl dies ein Zeichen von Höflichkeit sein könnte, nutzen Manipulatoren, Narzissten und machiavellistische Persönlichkeiten das Lächeln als Joker, um sich leichter Zugang zum Wohlwollen potenzieller Beute zu verschaffen.

Überzeugend und freundlich sein

Um das Wohlwollen und Empathie anderer zu gewinnen, setzen manipulative und machiavellistische Persönlichkeiten Überzeugungskraft und Freundlichkeit ein, um sich zu nähern und Vertrauen zu gewinnen. Besonders besorgt oder aufmerksam für die Bedürfnisse des Opfers zu sein, anzurufen, zu schreiben, Geld zu schicken oder moralisch zu helfen, können ergänzende Taktiken zur anfänglichen Strategie der Überredung durch Freundlichkeit sein, ohne überwältigend, unangenehm oder unangenehm zu sein.

Immer mit dem Opfer einverstanden sein:

Eine der Möglichkeiten, **schnell zu gefallen und Empathie zu erlangen**, besteht darin, immer hinterhältig zu sein, d. h. **immer mit dem potenziellen Opfer einverstanden zu sein**. Der Manipulator weiß, dass eine der besten Möglichkeiten, eine Verbindung herzustellen, darin besteht, mit seinem **Opfer** einer Meinung zu sein. Bei jedem Thema, das Sie ansprechen, werden Sie feststellen, dass der Manipulator Ihnen zustimmt und so gut wie bei allem, was Sie sagen, mit Ihnen übereinstimmt. Wenn Sie also nicht widersprechen, auch nicht bei kontroversen oder spaltenden Themen wie Politik oder Religion, sollten Sie den Verdacht hegen, dass Sie Opfer einer dieser manipulativen Persönlichkeiten sind.

Gemeinsame Aktivitäten planen:

Ein weiteres charakteristisches Merkmal manipulativer Persönlichkeiten ist die Organisation von Aktivitäten zusammen mit ihrem Opfer. Eines der wichtigsten Mittel in den Händen des Manipulators ist es, eine bestimmte Art von Aktivität zu unternehmen, die in der Regel geplant und zyklisch ist. Wenn der Manipulator Sie auffordert, wöchentlich oder täglich gemeinsam ins Fitnessstudio, in die Bibliothek, zum Einkaufen oder an einen anderen Ort zu gehen, dann ist das ein nahezu untrügliches Zeichen dafür, dass diese Person es auf Sie abgesehen hat. Das hat damit zu tun, dass der Manipulator, Narzisst oder Machiavellist, der in der Regel starke psychopathische Züge hat, Sie genau studieren will, um seine Persönlichkeit auf Ihre zu projizieren und Ihr Vertrauen zu gewinnen.

Übergeben Sie die Kontrolle über das Gespräch an die andere Person:

Das Gespräch ist eine Aktivität, die es uns ermöglicht, mit anderen zu interagieren und sie kennen zu lernen, indem wir ihnen zuhören und sie uns zuhören lassen. Wenn man mit jemandem eine Beziehung eingeht, braucht man eine Zeit des Gesprächs, um herauszufinden, was diese Person denkt und welche Erwartungen sie an ihr Leben und andere Aspekte hat. Das ist der Grund dafür, dass viele Freundschaften über längere Zeit halten. Für den Manipulator ist der Smalltalk jedoch nur eine weitere Waffe, die er gegen sein Opfer einsetzt. Wenn ein Gespräch zustande gekommen ist, wechseln sich die Parteien in der Regel ab; der eine behauptet oder stellt Fragen, der andere antwortet oder argumentiert und so weiter. Der Manipulator überlässt Ihnen die Gesprächsführung, so dass er alles, was Sie sagen, hören und sich Notizen machen kann. Während er Ihr Vertrauen gewinnt, kopiert er jede Geste, jeden Charakterzug, jede Idee und jedes Gefühl, das Sie zu einem Thema haben. Nicht selten beklagen sich Opfer von Manipulatoren später bei ihrem Therapeuten darüber, dass die Person ihnen immer aufmerksam zugehört hat, mit großem Interesse und Respekt für jedes ihrer Worte und jede ihrer Meinungen.

Ransbergers Dreh- und Angelpunkt:

Diese Technik hängt mit den vorhergehenden zusammen, da es im Grunde darum geht, der anderen Partei niemals zu widersprechen, sie zu korrigieren oder zu kritisieren, selbst wenn sie im Unrecht ist oder ihre Argumente keine Grundlage haben. Es ist möglich, dass die emotionale Spannung angesichts eines Widerspruchs eine bereits bestehende Spannung zwischen den beiden Parteien hervorruft, so dass die Diskussion immer intensiver werden kann. Zusammenfassend könnte man sagen, dass Ransbergers Pivot-Technik versucht, die beiden extremsten gegensätzlichen Standpunkte auf einen Mittelweg zu bringen; es ist ein Versuch, eine Schlichtung oder Versöhnung zweier ideologischer Extremismen zu erreichen.

Der erste Schritt bei dieser Technik ist aufmerksames Zuhören. Manipulatoren setzen sie oft wirkungsvoll ein, indem sie den Argumenten des Gegenübers respektvoll schweigen. Sie tun dies natürlich nicht, um eine Einigung mit der anderen Partei zu erzielen, um zu verstehen und zu kooperieren: Es ist einfach ein Weg, um ihre Ziele auf die direkteste Art und Weise zu erreichen.

Der zweite Schritt dieser Technik besteht darin, die Argumente des Gegenübers zu berücksichtigen, um eine Einigung zu erzielen. Dies erfordert Einfühlungsvermögen, Rücksichtnahme und Geduld. Der Manipulator wird diese Schritte buchstabengetreu ausführen, um die endgültige Überzeugung zu erreichen und das Opfer zu manipulieren. Er tut dies nicht, weil er ein Interesse daran hat, eine Einigung mit dem Opfer zu erzielen: Es ist einfach eine der Strategien, die er in petto hat.

Der letzte und entscheidende Schritt besteht darin, Fehler zuzugeben, um eine Einigung zwischen den beiden Konfliktparteien zu erzielen. In einem Streit kann es zu verbalen Konfrontationen, Beleidigungen, Spott und allen Arten von Ad-hominem-Angriffen kommen, aber das Ziel ist, dass beide Parteien so weit wie möglich nachgeben und eine endgültige Einigung erzielen. Ein Narzisst oder ein Größenwahnsinniger, wie es alle Persönlichkeiten der dunklen Triade, Manipulatoren und Psychopathen sind, tut sich schwer damit, seine dominante Position aufzugeben, da diese Art von Menschen immer um jeden Preis Recht haben will. Wenn der Manipulator schließlich nachgibt, dann nicht, weil er mit seinem Opfer übereinstimmt, sondern weil er versucht, ihn zu manipulieren, indem er ihm die Gründe für seine Argumente liefert, auch wenn er sie überhaupt nicht teilt, denn er wird immer denken, dass sein dialektischer Gegner viel weniger intelligent und fähig ist und deshalb seinen Respekt nicht verdient.

Zwanghaftes Lügen:

Die Taktik des zwanghaften Lügens ist eine klassische Taktik von Manipulatoren, um von ihren Opfern zu bekommen, was sie wollen. Im Allgemeinen neigen einfühlsame

Menschen dazu, offen und wahrheitsgemäß, d. h. ohne zu lügen, zu sprechen, weil sie ihrem Gegenüber gegenüber transparent sein wollen. Die manipulative Persönlichkeit hingegen zielt genau darauf ab, ihr Opfer wie eine Marionette an den Fäden zu ziehen und es in einem Netz aus ständigen und unaufhörlichen Lügen zu fangen. Auf diese Weise erzeugt sie ein Chaos in den Gedanken und Gefühlen der anderen Person, die ein ständiges Gefühl der Verwirrung und der kognitiven Dissonanz über das hat, was sie anfangs für klar hielt. Die Lüge erweist sich als eine mächtige Waffe der manipulativen Persönlichkeit, um zu bekommen, was sie will.

Kontrolle über persönliche Informationen:

Um sein räuberisches Ziel zu erreichen, wird der Manipulator in der Interaktion mit dem Opfer wichtige Daten aufbewahren, um zu bekommen, was er will. Dies verschafft ihm einen Vorteil, dessen sich sein Gegenüber nicht bewusst ist. Der Manipulator möchte beispielsweise den inneren Kreis seines potenziellen Opfers kennenlernen und schlägt daher vor, dass sie sich an einem Ort treffen, von dem das Opfer oder der Manipulator aufgrund seiner Nachforschungen weiß, dass das Opfer dort häufig verkehrt. Wenn das Opfer den Manipulator trifft, wird der Manipulator vorgeben, dass es sich um eine zufällige Begegnung handelt und dass er nichts damit zu tun hat. In jedem Fall hat das Opfer dazu beigetragen, indem es bewusst oder unbewusst Informationen an den Manipulator weitergegeben hat. Dies ist ein sehr wirkungsvoller Mechanismus, der von manipulativen Persönlichkeiten eingesetzt wird.

Narzisstische Techniken (Love Bombing, Abwertung, Gaslighting):

Die Persönlichkeiten von Manipulatoren weisen oft auch narzisstische Komponenten auf. Das bedeutet, dass sie früher oder später diese Techniken anwenden, um ihr Opfer nach Belieben zu unterdrücken und zu beherrschen. Zu den häufigsten Techniken des Narzissten gehören die folgenden:

Love Bombing: Dies bedeutet wörtlich übersetzt Liebe Bombardierung. Wie der Name schon sagt, überschüttet der Manipulator sein potenzielles Opfer mit Komplimenten und Liebesbekundungen. Damit will er ihr volles Vertrauen gewinnen, indem er sie glauben macht, dass sie ihn wirklich bewundert, respektiert und liebt, obwohl dies in Wirklichkeit nur eine plumpe Masche ist, um ihre Beute in das Netz zu locken, das er für sie spinnt.

Abwertung: Diese Technik besteht darin, das Opfer immer unter die Qualitäten anderer Menschen zu stellen, mit denen es sich ständig vergleicht, um sein Selbstwertgefühl und sein Ego zu entwerten. Auf diese Weise wird die Selbstachtung und das Selbstwertgefühl des Opfers zu einem Wert, den der Manipulator durch diese Meistertechnik jederzeit schwächen und zerstören kann.

Gaslighting: Der Ursprung dieser narzisstischen Technik geht auf einen Film aus den 1940er Jahren zurück, in dem ein Charakter versucht, sein Gegenüber zu verwirren, indem er den Gashahn zudreht und dann seinem Opfer erzählt, dass er es gewesen sei, der das getan hat. Auf diese Weise gelingt es dem Manipulator, sein Opfer zu verwirren, indem er die Ordnung und das Umfeld physisch, psychisch und verbal durcheinanderbringt, indem er es verändert, diffamiert, lügt und anderen die Schuld für sein Handeln gibt. Dies führt zu einer großen kognitiven Dissonanz beim Opfer des Manipulators, das seinen Verstand und seine geistige Ordnung passiv an den Manipulator abgibt.

4 - WAS IST NLP UND WIE KÖNNEN WIR ES NUTZEN, UM UNSER GEHIRN NEU ZU PROGRAMMIEREN?

Der Begriff NLP (Neuro-Linguistische Programmieren) ist einer der meistdiskutierten Begriffe der letzten fünfzig Jahre. Zusammenfassend könnte man NLP als die Disziplin definieren, die sich mit der Umprogrammierung des Gehirns in Bezug auf die verbale und nonverbale Kommunikation befasst. Diese Methode basiert auf der Annahme, dass unser Gehirn plastisch ist, was bedeutet das? Ganz einfach, dass dieses Organ die Fähigkeit hat, sich nach den Vorgaben, die wir ihm machen, neu anzupassen und zu formen. Die Metapher von Hardware und Software trifft hier zu: Das Gehirn wäre eine Art Hardware und die Sprache, verbal und nonverbal, wäre die Software, mit der wir es programmieren. Alle Vorstellungen, die wir haben, ob falsch oder nicht, sind durch kulturelle und soziale Konditionierung bestimmt.

Das bedeutet, dass das Gehirn auf ein Schema von bestimmten Situationen reagiert, die wir im Kopf haben. Jeder von uns hat eines, und so neigen wir dazu, die Probleme, mit denen wir konfrontiert sind, aus diesem speziellen Blickwinkel zu sehen. Eines der wichtigsten Postulate des NLP ist also, dass sich das Schema einer Tatsache oder Situation nicht ändert, sondern die Art und Weise, wie wir uns in dieses Schema hineinversetzen, d. h. der Standpunkt eines jeden ist völlig anders als der eines anderen.

Eine der großen Stärken, die NLP bietet, ist die Korrektur schlechter Gewohnheiten, Methoden und Verfahrensänderungen bei Aufgaben oder Sichtweisen. Genauso wie es etwas völlig anderes ist, das Panorama einer Stadt vom Aufzug eines Gebäudes aus zu betrachten und durch die transparenten Fenster zu sehen, als vom obersten Stockwerk aus, wo wir uns der Kante nähern und uns schwindelig wird, weil wir spüren, wie der Wind uns um die Ohren weht, ohne dass wir hören können, was unser Gesprächspartner sagt; eine völlig andere Erfahrung macht derjenige, der das Gebäude und das Panorama der Stadt aus einem Hubschrauber oder sogar aus der Sicht einer Drohne mit einer hochauflösenden Kamera sieht. Es handelt sich um dieselbe Szene und denselben Ort, aber die Perspektiven sind völlig entgegengesetzt.

Dies kann uns ein Konzept über die Bedeutung von NLP für unser Leben geben. Schauen wir uns ein Beispiel für ein Lebenszeugnis an, bei dem die Postulate des NLP erfolgreich angewendet wurden.

"Mein Name ist Jorge und ich wohne in den Außenbezirken von Bogotá, einer großen Stadt in Lateinamerika." Ich arbeite als Kundenbetreuer in einem multinationalen Unternehmen. Jeden Morgen nehme ich wie Millionen anderer Menschen öffentliche Verkehrsmittel, um zu meinem Arbeitsplatz im Stadtzentrum zu gelangen. Dieser Prozess ist etwas kompliziert und langwierig, so dass meine Laune, wenn ich an meinem Arbeitsplatz ankomme, nicht so gut ist wie beim Aufstehen. Bis ich von NLP und seinen wunderbaren Techniken erfuhr, hatte ich keine Ahnung, wie ich meine Sicht der Dinge ändern könnte.

"Als ich an diesem Morgen zur Arbeit kam, erhielt ich als erstes einen Anruf von einer Frau, die sehr verärgert über die Abteilung des Unternehmens war, die ihrer Meinung nach die schlechteste Abteilung der Welt war. Ich bat sie, sich zu beruhigen, da sie sehr laut schrie. "Sie brauchen mich nicht anzuschreien, um mir zu sagen, wie ernst Ihr Problem ist", sagte ich, aber die Kundin war weiterhin völlig außer sich, hysterisch und wie in Trance. Obwohl sie versuchte, den Grund für ihre Wut zu verstehen, nämlich eine Störung in der Internetverbindung, erlaubte ihr ihre Wut nicht, die geistige Klarheit zu haben, um ihr zu helfen. Die Frau gab sich ganz dem Schreien hin. Einen Moment lang überlegte ich, ob ich auf ihre Schreie, die mir langsam die Ohren weh taten, auf die gleiche Weise reagieren sollte, d. h. durch Überschreitung der rationalen Dezibel grenzen, die bei einem Anruf zulässig sind. "Wird denn niemand etwas tun, um mein Problem zu lösen?

"Ich erinnerte mich daran, was ich in einem Buch über NLP gelesen hatte, und beschloss, die entgegengesetzte Technik anzuwenden." Da die Frau zu viel schrie, so dass die Anrufe Betreuerin anfing, mir über WhatsApp zu schreiben, was mit dem Kunden los sei, entschied ich mich für die Technik der Neutralisierung. Als der lange Monolog voller hochtrabender Worte, Geschrei und Gemurre zu Ende war, blieb ich still. Wir dürfen das Mikrofon nicht blockieren, es sei denn, wir bitten den Kunden, auf eine Antwort von uns zu warten, also verharrte ich in größtmöglicher Stille und wartete darauf, dass der Kunde ein für alle Mal den Mund hält.

-"Du wirst nichts sagen, du wirst nur dastehen wie ein nutzloser Trottel", rief die Frau durch die Kopfhörer und brachte mein Trommelfell fast zum Platzen.

Schließlich, nach etwa fünf Minuten des Schweigens, begann die Frau, ihre Wut zu zügeln und sich zu beruhigen. Ich habe dann das Gespräch von Anfang an wieder aufgenommen und die im Kundendienstprotokoll beschriebenen Schritte befolgt: Die Frau hat die von mir angewiesenen Schritte mit ihrem Modemgerät befolgt und es geschafft, die Verbindung wiederherzustellen. Am Ende des Gesprächs war ihr ihr Verhalten so peinlich, dass sie mir die höchste Bewertung gab. "Das war für mich der Beweis, dass NLP in allem, was es behauptet, absolut wahr ist."

Die meisten Ereignisse, die wir im Leben erleben, ob gut oder schlecht, hängen damit zusammen, wie wir die Welt sehen. Wenn etwas für uns schwierig ist, wird es schwierig sein, bis wir unsere Sichtweise ändern. Die Ängste und falschen Vorstellungen, die wir von der Welt und ihrer Umgebung haben, natürlich auch von anderen Menschen, sind ausschlaggebend dafür, ob wir bei einem Vorhaben, das wir in Angriff nehmen, Erfolg haben werden oder nicht. Wenn wir die Art und Weise ändern, wie wir die Dinge tun, und nicht die Dinge selbst, wird das zu einem anderen Ergebnis führen. Manche Menschen sagen, dass sie das, was sie tun, schon seit vielen Jahren so machen und dass es funktioniert hat und das genug ist.

Wie Worte kommunizieren auch Gesten, Dinge, Gefühle, Emotionen und Ideen. Unser Gehirn ist so konzipiert, dass es die verschiedenen Reize, die von der Außenwelt in Form von Gerüchen, Formen, Farben, Empfindungen, Geschmäckern, Klängen usw. kommen, aufnehmen kann. Sobald es die Teile innerhalb des komplexen Systems der neuronalen Synapsen geordnet hat, bietet uns dieses faszinierende Organ ein Bild, eine Darstellung, die für uns eine Art Modell dieser Realität in einer vollständigen Szene ist.

Das ist der Grund, warum manche Menschen bei einem Vorstellungsgespräch oder bei einer Verabredung über das Internet einen schlechten Eindruck hinterlassen: Unser Gehirn ist dazu bestimmt, etwas als gut oder schlecht, als angenehm oder unangenehm zu empfinden, je nach der Programmierung, die wir in ihm haben, nach unseren Lehren seit der frühen Kindheit, unserem sozialen und kulturellen Niveau, unserer Herkunft, unserem Wahrnehmungssystem, zu dem unser Körper und seine Sinne gehören, usw. Wie bei einem Kochrezept, dem wir mehr oder weniger von dieser oder jener Zutat hinzufügen können, ergibt sich am Ende ein Ergebnis, das zufriedenstellend oder nicht zufriedenstellend ist, so wie ein Kuchen oder ein Omelett mehr oder weniger geschmacklos, teigig, cremig, leicht oder lecker schmecken kann. Es hängt alles von unserem NLP ab.

Die Art und Weise, wie wir unsere Arbeit annehmen, die Zeit, die wir dafür aufwenden, und die Ergebnisse sowie das Geld, das wir dafür verdienen, bestimmen die Gesamtsicht, die wir von dieser Arbeit haben. Ob wir am Ende des Monats mit den Ergebnissen zufrieden sind oder nicht. In jedem Fall liegt ein Großteil der Verantwortung für die Endergebnisse, Entscheidungen, Wahlmöglichkeiten und Prozesse in unseren Händen, denn sie sind die Folgen einer Reihe vorheriger Ursachen, einschließlich der Art und Weise, wie wir gelernt haben, die Arbeit zu tun, und wie sie ausgeführt wird.

Übung macht den Meister, könnte die Zusammenfassung dessen sein, was NLP bedeutet, um das Leben der Menschen zu verbessern. Um ein Beispiel zu geben: Wenn eine Person, Herr X, der ein Glücksspieler ist, sein gesamtes Geld nimmt und zum Roulette geht, um zu spielen, in dem Glauben, dass er durch einen Glücksfall dieses Mal in einer fantastischen Serie gewinnen wird, die ihn im Handumdrehen zum Millionär macht, wird er höchstwahrscheinlich bei seinem Versuch scheitern, sein gesamtes Kapital verlieren und in den absoluten Ruin treiben.

Wenn hingegen eine andere Person, Herr Y, die jahrelang gearbeitet hat, beschließt, eine neue Marktnische zu erforschen, ein neues Produkt erfunden hat oder sich durch seine Kochkünste auszeichnet, und ein Unternehmen eröffnet, sind die Erfolgsaussichten perspektivisch viel besser als im ersten Fall, d. h. bei unserem Freund Herrn X, dem Spielsüchtigen.

Die Art und Weise, wie wir Dinge tun, ist ebenso einflussreich wie die Vision, die wir von diesen Dingen haben. Man könnte die NLP-Technik mit einer Art Flussdiagramm vergleichen, das in etwa so aussieht:

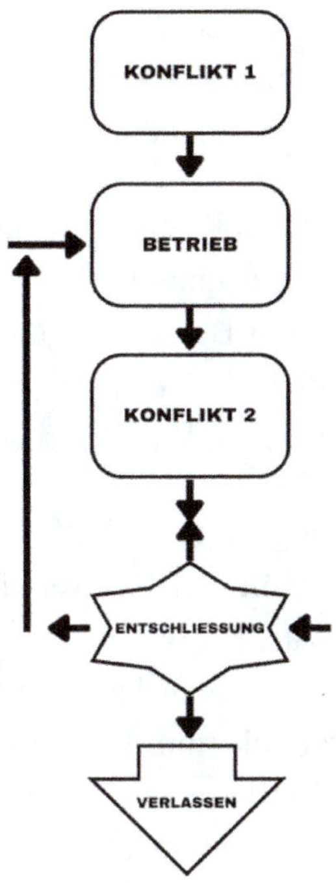

Dieses NLP-Modell des strategischen Handelns, das in der obigen Grafik schematisiert ist, ermöglicht es uns, den Entscheidungsprozess zu visualisieren, bei dem wir ständig scheitern. Wenn es einen Konflikt 1 gibt (dargestellt durch das rote Oval), was jede Art von Ereignis oder Situation sein kann, in der wir gezwungen sind, eine Entscheidung zu treffen, entscheiden wir uns immer für eine Operation (orangefarbenes Quadrat): Im Prinzip kann dies ein familiärer, beruflicher oder romantischer Streit sein oder ein Konflikt mit einem Fremden auf der Straße.

Konflikt 1 kann dazu führen, dass wir erstarren, streiten, argumentieren, schreien und sogar zu einer physischen Konfrontation führen. Operation (orangefarbenes Rechteck) ist die Art und Weise, wie wir an den Konflikt herangehen, wenn das heiße Blut aus unseren Köpfen weicht, dann werden wir anfangen zu sehen, welche Entscheidung angesichts dieser Tatsache die beste sein könnte.

Die Situation kann zu Konflikt 2 (blaues Rechteck) eskalieren, bei dem das Ausmaß an Aggression und Bedrohung sowie Schreien und Beleidigungen zunehmen und es zu einem Streit kommt, bei dem Teller oder Papiere über die Köpfe hinwegfliegen, gegen Wände krachen usw.

Dies führt zwangsläufig zur Auflösung (grüne Raute), die uns von der endgültigen Notwendigkeit überzeugen wird, zu fliehen oder zu kämpfen, zu unterlassen oder zu beharren, zu verhandeln oder zu kapitulieren. Es kann eine Schleife geben, die zurück zum Anfang und zum Auftreten weiterer Zwischen Konflikte führt, bei denen Dritte oder mehr oder weniger schwerwiegende Ereignisse auftreten können, die den Konflikt verstärken und ihn unhaltbar machen.

Im Allgemeinen wird dieses Diagramm mit dem Ausstieg (grünes Oval) aufgelöst, der die Situation zu unseren Gunsten oder zu unseren Ungunsten beendet.

Die Schritte in diesem NLP-Operation Diagramm werden von unserer Fähigkeit bestimmt, jede dieser Zwischen Konfliktsituationen zu bewältigen, was das Bild möglicherweise überschaubarer macht. Da NLP ein sehr umfangreiches Thema ist, können wir in diesem Abschnitt zeigen, dass die Mechanismen zur Neuprogrammierung der neuronalen Sprache, sowohl verbal als auch nonverbal, einen tiefgreifenden Einfluss auf unser Leben und sein gesamtes allgemeines Spektrum haben: akademisch, sozial, kulturell, affektiv, sexuell, wirtschaftlich, familiär, usw.

Die Neuroplastizität als ein Werkzeug, das es uns ermöglicht, bessere Menschen zu werden, indem wir schlechte Gewohnheiten durch neue und positivere ersetzen, hat auf lange Sicht einen deutlichen Einfluss auf unseren Körper und unseren Geist. Das Gehirn kann umprogrammiert werden, je nachdem, was wir tun wollen. Wir können neue Sprachen lernen, Sport treiben, verschiedene Disziplinen studieren, um uns auf die intelligenteste Weise an eine sich verändernde Welt anzupassen.

Die Gedanken der Manipulatoren sind ständig uns auf den Fersen und nutzen jeden unserer Fehler aus, um uns zu zerstören. Aus diesem Grund ist eine tiefer Einstieg in die Praxis der NLP-Strategien unerlässlich, um den dunklen Künsten der dunklen Psychologie-Persönlichkeiten entgegenzuwirken, wie wir im nächsten Kapitel sehen werden.

5 - DIE SCHWARZE POLYGRAPHIE ERKENNEN

Wie wir in diesem Buch gesehen haben, ist die dunkle Psychologie eine Art psychologische Anomalie bei einigen Menschen, die eine natürliche Neigung zu Manipulation, Lüge, Narzissmus, Machiavellismus und Psychopathie zeigen und ihren Opfern unausgesprochene Gewalt antun. Empathische Züge, also solche, die es uns ermöglichen, uns wirklich für die Probleme anderer zu interessieren, haben uns als Zivilisation vorangebracht.

Die heutigen Gesellschaften beruhen auf Geselligkeit, und daher sind soziale Verhaltensweisen ein grundlegender Pfeiler, um moderne Gesellschaften mit ihren Industrien, akademischen Einrichtungen, kulturellen Institutionen, wirtschaftlichen Aktivitäten, Handel, Reisen usw. zu bewegen.

In einer Welt, in der eine dunkle Psychologie vorherrscht, gäbe es keinen Fortschritt, d. h. jeder würde seinen eigenen Weg gehen und alle anderen übergehen, ohne dass es eine soziale oder moralische Strafe gäbe. Es wäre wie in den afrikanischen Steppen, wo einige wenige Raubtiere ihre Beute ohne jede Rücksicht nehmen.

In den meisten modernen Gesellschaften werden Betrug, Täuschung, Korruption und andere Verbrechen, die von Menschen begangen werden, die der dunklen Triade der Psychologie angehören, kriminalisiert. Natürlich sind nicht alle diese dunklen Persönlichkeiten Psychopathen. Viele von ihnen sind integriert, andere nicht, wobei letztere in der Regel in Hochsicherheitsgefängnissen oder psychiatrischen Einrichtungen ihrer Freiheit beraubt werden. Integrierte Psychopathen, so der klinische Psychologe Dr. Robert Hare, der seit vielen Jahren Profile von Psychopathen erstellt, führen ihre abscheulichsten Handlungen aus, auch wenn es dem Verstand eines normalen Menschen so vorkommt, als ob sie nach ihrem vollen Urteilsvermögen und ihrer Entscheidung handeln:

"Dennoch ist fast jeder der Meinung, dass bestimmte brutale Verbrechen, insbesondere Folter und Mord, das Werk von Verrückten sind, wie der Satz "Dazu muss man verrückt sein" zeigt. Das mag in gewisser Hinsicht stimmen, aber nicht aus psychiatrischer oder juristischer Sicht. Wie ich bereits gesagt habe, sind einige Serienmörder geisteskrank. Denken Sie zum Beispiel an Edward Gein, dessen schreckliche und bizarre Verbrechen die Grundlage für Figuren in Büchern und Filmen wie Psycho, Das Texas

Chainsaw Massaker und *Das Schweigen der Lämmer* bildeten. Er tötete, verstümmelte und aß seine Opfer manchmal sogar und fertigte aus ihrer Haut und anderen Körperteilen groteske Gegenstände an - Lampen, Kleidung, Masken. Während seines Prozesses waren sich die Psychiater der Verteidigung und der Anklage einig, dass er psychotisch war; die psychiatrische Diagnose lautete chronische Schizophrenie, und der Richter wies ihn in eine Spezialklinik für gestörte Straftäter ein.*

Die meisten Serienmörder sind jedoch nicht wie Gein. Sie foltern, töten und verstümmeln ihre Opfer - ein unglaubliches Verhalten, das unsere Vorstellung von "Vernunft" auf die Probe stellt -, aber in den meisten Fällen gibt es keine Anzeichen dafür, dass sie geistesgestört, geistig verwirrt oder psychotisch sind.

Viele dieser Mörder - Ted Bundy, John Wayne Gacy, Henry Lee Lucas, um nur einige zu nennen - wurden als Psychopathen diagnostiziert, was bedeutet, dass sie nach den heutigen psychiatrischen und rechtlichen Maßstäben geistig gesund sind. Sie alle wurden zu Gefängnisstrafen verurteilt und in einigen Fällen sogar hingerichtet. Doch die Unterscheidung zwischen geistesgestörten Mördern und geistig gesunden, aber psychopathischen Mördern ist nicht so eindeutig. "Diese Unterscheidung ist das Ergebnis einer jahrhundertelangen Debatte, die bisweilen an das Metaphysische grenzte."[2]

Unterscheidungen zwischen verschiedenen Arten von dunklen Persönlichkeiten können Aufschluss darüber ge-

---

[2] Ohne Gewissen. Robert Hare. Paidós, S. 26.

ben, warum sie tun, was sie tun. Es herrscht die weit verbreitete Meinung, dass alle Gauner und Verbrecher Psychopathen sind. Robert Hare vertritt die Ansicht, dass dies nicht stimmt, da es, wie bei jeder Analyse der menschlichen Natur und Psychologie, Nuancen gibt. Psychopathen, Soziopathen und diejenigen, die die dunkle Triade der Psychologie bilden, haben jedoch alle einen Faktor gemeinsam: narzisstische Motivation.

Man könnte sagen, dass dieser Persönlichkeitstyp andere Menschen beobachtet wie ein Wissenschaftler sein Studienobjekt. Mit Distanz und einer gewissen Gleichgültigkeit, um Schwachstellen zu finden und damit durchzukommen. Das Opfer, auch wenn es sich vormacht, dass der psychologische Räuber sich um es kümmert, wird als Werkzeug benutzt, um zu bekommen, was er will, was auch immer das Ziel sein mag. Das ist der Grund, warum einfühlsame, unschuldige oder gute Persönlichkeiten glauben, dass der Manipulator, Soziopath, Narzisst oder Psychopath sich genauso verhalten wird, wie er es tun würde, weil sie es unmöglich finden zu glauben, dass jemand nicht die geringste Spur von Mitgefühl oder Rücksicht auf andere Menschen haben könnte und dass niemand so egoistisch sein kann, dass er zuerst an sich selbst denkt, ohne sich darum zu kümmern, wie andere sich fühlen.

Machiavellisten neigen dazu, sich auf die Wünsche, Hoffnungen und Wünsche anderer zu konzentrieren, um sie zu ihrem eigenen Vorteil zu nutzen. Betrüger, politische Führer, Verführer, Hochstapler, Scharlatane und Kriminelle mit dunklen Persönlichkeitsmerkmalen kennen die Schwachstellen ihrer potenziellen Opfer genau, so dass sie

sie nach einer Analyse der Schwächen ihrer Beute auf die effektivste Weise angreifen können.

Man darf nicht vergessen, dass der Charakter dunkler Persönlichkeiten in der Natur ähnlich wie bei einem Raubtier wirkt. Das empathische Opfer vertraut dem manipulierenden Raubtier und zeigt ihm seinen Hals. Dieser legt ihm kein luxuriöses und glitzerndes Juwel um den Hals, sondern stürzt sich auf ihn, um sich von ihm zu ernähren, manchmal nicht nur von seinem Körper - wie in einigen Fällen von Psychopathen und Mördern, die wir später sehen werden - sondern auch von seiner Seele, seinen Gefühlen und Emotionen.

Der bekannte spanische Psychologe und Schüler von Robert Hare, Dr. Iñaki Piñuel, erklärt: "Psychopathen sind echte Raubtiere der menschlichen Rasse sowie abnormale Phänomene in der Welt der menschlichen Psychologie".

6 PSYCHOLOGISCHE MANIPULATIONSTECHNIKEN UND NLP VERSTEHEN

Ein faszinierender Aspekt der dunklen Psychologie ist die Art und Weise, wie diese Personen Techniken aus dem NLP anwenden, um ihre Opfer psychologisch zu manipulieren. Die emotionale Beeinflussung ihrer Opfer ist die häufigste Strategie manipulativer Persönlichkeiten. Diese verdeckte Agenda ist nur dem Manipulator bekannt. Das Opfer glaubt, dass diese freundliche, verständnisvolle, einfühlsame und scheinbar fürsorgliche Person ein guter Mensch ist.

Die Absichten des Manipulators sind jedoch andere: Er oder sie will das Vertrauen des Opfers schrittweise gewinnen, um zu bekommen, was er oder sie will. Es kann mehrere Beweggründe geben, die eine machiavellistische und manipulative Persönlichkeit dazu bringen, die absolute Kontrolle über die Gedanken und jeden Aspekt des Lebens einer anderen Person zu übernehmen.

Er wird immer eine Maske tragen, um sein wahres Gesicht zu verbergen. Was auch immer die Schwäche des Opfers ist, der Manipulator wird sie ausnutzen, um die Kontrolle zu übernehmen. Wenn eine Person emotional labil ist, was auch immer der Grund dafür ist: eine wirtschaftliche Krise, eine Trennung, der Verlust eines geliebten Menschen, die Entlassung aus dem Job usw., wird der emotionale Räuber dies berücksichtigen. Er wird in der Lage sein, unbegrenzte Unterstützung anzubieten, um dem Opfer zuzuhören, wenn es seinen Frustrationen, Ängsten und Befürchtungen Luft macht; er wird finanzielle Unterstützung anbieten, um sicherzustellen, dass die finanzielle Schwäche das perfekte Sprungbrett ist, um die Kontrolle über das Leben eines anderen zu übernehmen.

NLP und seine Techniken bieten eine wirksame Strategie für dunkle Psychologen, die sie als Methode der psychologischen Kontrolle einsetzen können. Wie bereits im vorherigen Kapitel erwähnt, kann man mit NLP das Gehirn durch verbale und nonverbale Sprechtechniken formen und umprogrammieren. In Anbetracht der Macht der Worte, Anker im Geist zu setzen, d. h. Fußstapfen zu setzen, um das zu erreichen, was Experten als Plastizität des Gehirns bezeichnen, nutzen Manipulatoren sie und ihren ganzen oberflächlichen und banalen Charme, um ihre potenziellen Opfer zu verführen.

Im Allgemeinen haben Persönlichkeiten der dunklen Triade eine große Fähigkeit, sich in ihre Opfer einzufühlen. Sie sind elegant, charismatisch und verfügen über die psychologische Fähigkeit, sich in die besonderen Interessen ihrer Beute einzufügen und sie so auszunutzen. Viele Menschen sind in die Falle dieser Personen mit dunkler Psychologie getappt. In unserer Zeit, in der Dating-Apps und soziale Medien an der Tagesordnung sind, wimmelt es von diesen dunklen Persönlichkeiten, die ihr toxisches und negatives Potenzial zur Schau stellen.

Zeugenaussage eines Manipulations Opfers

"Mein Name ist Karen (nicht mein richtiger Name) und ich bin 20 Jahre alt. Ich studiere soziale Kommunikation und Journalismus. Obwohl ich normalerweise keine Dating-Apps benutze, beschloss ich eines Tages aus Langeweile, eine dieser Apps zu benutzen, die sehr beliebt sind. Ich begann, durch die Profile von Männern zu scrollen, die ich sehr interessant fand. Ich blieb bei einem stehen, der meine Aufmerksamkeit erregte. "Hallo, mein Name ist Erik, ich bin 32 Jahre alt. Ich bin Chirurg, Schriftsteller, Musiker, Fitness-Enthusiast und ein unverbesserlicher Abenteurer. Ich mag Details, leidenschaftliche Dates und bin ein hoffnungsloser Romantiker. Ich würde gerne einen besonderen Moment mit dir teilen.

"Dieser Mann war der prototypische Schwarm, den wir alle als Teenager-Mädchen idealisiert haben: gutaussehend, groß, muskulös, mit Geschmack und Eleganz - er trug eine ziemlich luxuriöse Uhr, die wie Gold aussah - und war außerdem ein Mann mit einer finanziellen und beruflichen Zukunft. Ich dachte also, dass ich nichts zu verlieren hätte, wenn ich mit diesem Mann eine Beziehung einginge. Ich gab ihm ein Like und ein paar Minuten später schrieb Eric mir. "Wow, ich kann nicht glauben, dass eine Göttin einen Sterblichen wie mich bemerkt", schrieb er zurück. Ich lachte, da ich es als übertriebenes Kompliment empfand. Nach ein paar Minuten Chat mit ihm fühlte ich mich sehr wohl.

Ich kann nicht sagen, was es war, dass mir ein so angenehmes Gefühl gab, aber ich wollte mich weiter mit dem Mann unterhalten. Ich begann, ihn zu idealisieren. Er erzählte mir, dass er auf einem Fischerboot in Asien und Afrika gearbeitet hatte, dass er Soldat in Afghanistan gewesen war, dass er seit seinem dritten Lebensjahr Klavierunterricht genommen hatte, dass er sechs Bücher geschrieben hatte, und dass er all das in relativ kurzer Zeit geschafft hatte, wobei er es mit seiner Karriere als Chirurg ergänzte. Irgendetwas kam mir verdächtig vor, es passte nicht ganz zu der Geschichte. Trotzdem habe ich mich weiter mit ihm unterhalten.

Eines Tages schrieb mir Eric, dass er in meine Stadt kommen würde. Er sagte, er wohne in Madrid, aber er komme zu einem internationalen Chirurgie Seminar nach New York. Ich hatte ein flaues Gefühl im Magen. Ich kaufte Kleider für das Date meines Lebens. Ich träumte von dem Leben, das ich an der Seite von Eric, dem idealen Mann, führen würde: die Hochzeit in der Kathedrale von Sevilla, die nach seinen Worten sein Traum war, die Flitterwochen auf Bali, die Kinder, die wir haben würden, er wollte ein

Mädchen und einen Jungen, das Haus, in dem wir leben würden, am Mittelmeer, in Italien, und so weiter. Während des Online-Unterrichts musste mich mein Lehrer oft darauf aufmerksam machen, dass ich die ganze Zeit zu träumen schien. Ich verfüge über gute Kommunikationsfähigkeiten, so dass meine akademischen Noten immer über dem Durchschnitt liegen, aber Eric schien ein ganzes Arsenal an Wendungen, Wörtern, Ausdrücken und Arten von verbalen Späßen zu verfügen, die mich verwirrten.

"Eric" sagte mir, er könne nicht nach New York reisen. Er hatte ein schweres Unglück, ein gesundheitliches Problem mit seinem Vater, das ihn mitten in einem Transfer am Flughafen erwischt hatte, wo er seine Koffer mit seinem Geld und seinen Karten verloren hatte. Da wir seit einigen Monaten täglich miteinander gesprochen hatten, fragte er mich, ob ich irgendetwas für ihn tun könne, wofür er mir sein Leben lang dankbar sein würde. Ich sagte natürlich ja. Er bat mich um 300 Dollar, um ihm aus der Patsche zu helfen. Da meine Familie über ein gewisses Maß an Wohlstand verfügt und ich ein Geschäft habe, das mir ein monatliches Einkommen beschert, dachte ich mir, dass es keine große Sache wäre, Eric die 300 Dollar zu leihen. Er war nicht der Typ, der finanzielle Probleme zu haben schien, also schickte ich ihm das Geld.

Am nächsten Tag bemerkte ich, dass Eric verschwunden war. Irgendetwas schien mit ihm passiert zu sein. Ich schrieb ihm über WhatsApp und plötzlich war sein Foto auf der Jacht mit Sonnenbrille und Champagner, das ich sonst jeden Tag sah, verschwunden. Dann schrieb ich ihr über die anderen sozialen Netzwerke, aber auch diese waren inaktiv. Mein Herz wurde zu einem Knoten der Angst, und mir war zum Weinen zumute. Eric, der Prototyp des idealen Mannes, der Mann, von dem ich geträumt hatte, Kinder zu haben und am Rande eines Hauses mit Blick aufs Meer zu leben, war weg.

Einige Tage später, als ich auf der Suche nach Informationen war, um eine Notiz für meine Diplomarbeit zu schreiben, las ich eine Nachricht in einem Internetportal. "Ein Mann zockt Frauen in einem beliebten sozialen Dating-Netzwerk ab".. Ich konnte nicht glauben, was ich da las. Bei Eric handelte es sich tatsächlich um einen Mann, der als Kellner in Barcelona, Spanien, arbeitete. Er erstellte ein attraktives Profil mit anzüglichen Bildern und einer beeindruckenden Biografie. Darüber hinaus waren seine körperlichen Merkmale und seine Ausstrahlung der perfekte Köder für Frauen, die eine Beziehung mit einem Mann mit hohen Ansprüchen wollten:

"Der Sozial-Network-Betrüger", der sich Eric nennt, heißt in Wirklichkeit Sebastian und hat seinen Beruf als Krankenpfleger an den Nagel gehängt, um seine Attraktivität auszunutzen und Frauen aus aller Welt zu verführen. Obwohl das Verbrechen, für das er angeklagt ist, in vielen Ländern strafbar ist, weshalb es nicht möglich ist, ihn zu verhaften, wird sein Profil bereits auf Instagram und in Facebook-Gruppen gepostet, um Frauen vor diesem emotionalen und finanziellen Räuber zu warnen.

"Nach dieser Erfahrung habe ich mir geschworen, nie wieder eine Dating-App zu benutzen."

In dieser Aussage ist es möglich, die Psyche einer dunklen Persönlichkeit zu analysieren, die ihre Eigenschaften, die sie für das andere Geschlecht attraktiv machen, ausnutzt, um Frauen, die affektive Beziehungen idealisieren, zu manipulieren und in ihr Revier zu bringen. Nach den Postulaten des NLP beeinflusst der Geist und das, was wir denken, den Körper. Für viele Ärzte ist dies die Ursache für psychosomatische Erkrankungen, die viele Hypochonder dazu veranlasst, die Notaufnahme aufzusuchen und das Gesundheitssystem mit falschen medizinischen Alarmen zu belasten. Mit anderen Worten: Der Geist projiziert alles, was er erschafft, auf den Körper.

Der Prozess, durch den der bewusste Verstand eine Art Stempel in das Gedächtnis drückt, der eine Erinnerung, eine Idee, ein Bild oder irgendeinen anderen Prozess im Gehirn dauerhaft macht, wird später, unbewusst, erzeugt. Das bedeutet, dass die anfängliche Anstrengung, die von den Sinnen unternommen wird, um diesen Erinnerungspunkt in der Großhirnrinde zu schaffen, obwohl sie zunächst völlig bewusst und rational ist, nach dem Durchlaufen dieses Filters automatisch und unbewusst wird. Dies ist in dem Sinne zu verstehen, dass es nicht ständig im Vordergrund steht, sondern, wie bei Computer Prozessen, im Hintergrund im Gedächtnis ist. NLP ist sehr ähnlich wie Softwareprogrammierung. Schließlich ist das Gehirn das, was einer Hardware am nächsten kommt, und die Informationen, die wir in es einspeisen, und das, was wir in es einspeisen, ist praktisch Software.

Es ist wichtig zu wissen, dass es beim NLP nicht darum geht, in die komplexe Architektur der Funktionsweise des Gehirns einzudringen; es geht vielmehr darum, Prozesse und Funktionsweisen so zu optimieren, dass wir das, was wir brauchen, bequem erreichen können. So wie ein großer Künstler, Wissenschaftler oder Intellektueller sein Gehirn trainiert, um seine Arbeit zu verrichten, so nutzen Manipulaaoren die Plastizität des Gehirns durch NLP, um die Gehirne ihrer Opfer zu kontrollieren und die machiavellistischen Ziele ihrer dunklen und geheimen Agenda zu erreichen.

Wenn wir einer Person zum ersten Mal begegnen, wird unser Unterbewusstsein durch das Feuer geprägt, nicht nur durch ihre persönliche Erscheinung: ihre Kleidung, ihre Ausstrahlung und ihre Persönlichkeit, sondern vor allem durch ihre verbale und nonverbale Sprache. Im Allgemeinen neigen charismatische Menschen mit einer attraktiven Persönlichkeit dazu, eine charakteristische Gestik und einen sehr persönlichen Wortschatz zu haben. Das ist genau das, was NLP in unserem Gehirn macht: Es formt es nach dem, was es aus der Welt um sich herum liest.

Im NLP gibt es ein Konzept, das als Rapport bekannt ist, was so viel bedeutet wie "sich einstimmen". Wenn wir jemandem zum ersten Mal begegnen, nimmt das Gehirn eine Reihe von Signalen auf, um eine mentale Landkarte dieser Person zu organisieren, um sie im Gedächtnis zu speichern. Sowohl die verbale als auch die nonverbale Sprache bilden eine Art Master-Linien, die sich im Unbewussten einprägen, und zwar in der Regel auf endgültige Weise. Aus diesem Grund wird mit großer Weisheit gesagt, dass der erste Eindruck entscheidend ist und es keine zweite Chance für ihn gibt, denn das Gehirn ist darauf ausgelegt, diesen starken ersten Eindruck als etwas Radikales für unser Gedächtnis zu übernehmen.

Viele klinische Hypnosetherapeuten wie Milton Erickson kamen in den siebziger Jahren zu dem Schluss, dass es eine psychologische Technik gibt, die als Koinzidenz und Spiegelung bekannt ist. Demnach beeinflussen sowohl verbale als auch nonverbale Gesten einer Person die Gehirne der anderen. Dazu gehören Nuancen in der Stimme, Handbewegungen, Kopfbewegungen, Gesten, Blicke usw. Spiegelneuronen neigen dazu, alle Gesten neuer Menschen, denen wir im Laufe unseres Lebens begegnen, zu kopieren. Die Nachahmung des Körpers ist eine Eigenschaft, die Primaten geerbt haben und die auch nach Tausenden von Jahren der Evolution noch immer eine große Wirkung hat. Deshalb identifizieren wir uns unbewusst mit Menschen, die unsere Gesten kopieren, wenn wir sprechen.

Manipulatoren und Menschen der dunklen Persönlichkeit Triade wissen das. Sie sind sehr geschickt darin, diese kraftvolle Geste einzusetzen, um sich in ihre potenziellen Opfer einzufühlen. Schauspieler und Politiker sowie andere sehr charismatische Persönlichkeiten wissen sehr wohl um die Macht dieser Mimikry-Technik, mit der sie viel schneller eine Verbindung herstellen können, als wenn sie die andere Person kennen würden. Genauso wie bei einer Sitzung mit einem Therapeuten, wenn wir aufgefordert werden, an etwas zu denken, zum Beispiel an ein Haus, sind die Bilder, die uns in den Sinn kommen, bei jedem anders: Manche erinnern sich an den Geruch, andere an ein Bild im Wohnzimmer, wieder andere an die Musik, die gespielt wurde, oder an das Essen, das auf dem Esstisch serviert wurde, und so weiter.

Im NLP sind nicht alle Sinne für alle Menschen gleich wichtig; jeder von uns entwickelt einen mehr als die anderen. Nach dieser Darstellung nutzen Manipulatoren und Mitglieder der dunklen Triade der Persönlichkeit diesen Sinn, um mehr Einfluss zu nehmen oder mehr Empathie von den Menschen zu erhalten, mit denen sie interagieren. Im einflussreichsten Sinne wird das Konzept des Rapports, das wir vorhin gesehen haben, vom Manipulator genutzt, um in den Köpfen anderer Fuß zu fassen. Der Manipulator fügt diese Fragmente absichtlich im Kopf einer Person zusammen, bis er oder sie die totale Kontrolle über diese Person hat.

Es ist ein langsamer Prozess. Die Empfindsamkeit wird je nach dem Ziel, das der Manipulator mit dieser Person verfolgt, ausgenutzt. Wenn er die Person studiert hat, ihre Gesten, ihren Geschmack und ihre Schwachpunkte analysiert hat, wird er sie auf den Weg bringen, der ihm am geeignetsten erscheint.

Die Fähigkeit des Manipulators, buchstäblich seine eigenen Konzepte und Ideen in die Gehirne anderer einzuführen, um sie zu seinem Vorteil zu nutzen. Es gibt zwei Meistertechniken, die fast einen Schlüssel darstellen, um jeden Geist zu entsperren, seine Muster sowie sein "System" von Ideen und/oder Wertvorstellungen zu verändern.

1. das Positive verstärken und das Negative auslöschen:

Wie der Name schon sagt, geht es bei dieser Technik darum, positive Bilder, Erinnerungen, Klänge, Geschmäcker und Gerüche, die mit einer Person oder Situation verbunden sind, auf andere Menschen zu übertragen. Wir prägen die Erinnerungen, die mit einer Situation verbunden sind, vorzugsweise in der der Leser der Protagonist ist, auf die andere Person ein, die wir positiv beeinflussen wollen.

Dies wird dazu führen, dass assoziierte Erinnerungen wie Musik, Bilder, Gerüche, Berührungswahrnehmungen und Synästhesien, d.h. Elemente, die einen Sinn mit einem anderen teilen können, mit dem Positiven in Bezug auf Sie als Zentrum der Situation assoziiert werden.

Andererseits sollte das Negative mit der Zeit verschwinden und die Person, die wir beeinflussen wollen, dazu bringen, die Aspekte zu vergessen, die für die fünf Sinne unangenehm sind. Dies wird einen positiven Eindruck auf die Menschen machen, die wir mit unserer Anwesenheit beeindrucken wollen.

2. Motivation schaffen:

Manipulatoren motivieren die andere Person durch positive Erinnerungen und stimulieren die Hirnlappen, die diese Gefühle wieder aufleben lassen. Dadurch wird das Gehirn der anderen Person dazu gebracht, diese Erinnerungen und guten Erinnerungen wieder zu aktivieren und sich durch den Manipulator motiviert zu fühlen. Dies beruht auf dem Prinzip der Gleichheit, d. h. eine positive Emotion wird immer eine gleichwertige hervorrufen.

KAPITEL 2: GENEALOGIE DER PSYCHOLOGIE

2.1 Genealogie der Psychologie

Die Psychologie ist eine Disziplin, die so alt zu sein scheint wie die Menschheit selbst. Der Ursprung des Wortes Psychologie in der Wissenschaft geht auf das 18. Jahrhundert mit dem Philosophen Christian Wolff (1679-1754) zurück, der den Begriff in zwei seiner Werke, Psychologia empirica (1732) und Psychologia rationalis (1734), verwendete.

Ihre Grundprinzipien erblickten jedoch erst im späten 19. Jahrhundert das Licht der Welt, als Schriftsteller und Denker wie der pragmatistische Philosoph William James (1824-1910) begannen, ihre Grundlagen zu schaffen. Doch für Forscher und Vordenker ist Sigmund Freud (1856-1939) eindeutig der Vater der Psychoanalyse und Vorreiter bei der Erforschung des menschlichen Geistes und Verhaltens.

Die Etymologie des Wortes Psychologie stammt von den griechischen Wörtern **psykhé** (Seele, geistige Aktivität) und λογία, **logía**, (Abhandlung oder Studium). Die Psychologie befasst sich mit der Untersuchung des Verhaltens und der Handlungsweise verschiedener menschlicher Gruppen. Streng genommen kann sie nicht als Wissenschaft betrachtet werden, da es keine Methode gibt, die das Verhalten des menschlichen Geistes vorhersagen oder steuern kann. In diesem Sinne könnte man sagen, dass es sich um eine para-wissenschaftliche Disziplin handelt, d. h. sie bedient sich der Methoden der Wissenschaft, hat aber nicht die Strenge, um als solche betrachtet zu werden.

Man könnte sagen, dass es zwei grundlegende Konzepte gibt, die auf das Studium der Psychologie angewandt werden können: Psychologen, die den Schwerpunkt auf die subjektive Analyse legen, mit Phänomenen wie der Projektion von Gedanken, und diejenigen, die behaupten, dass die Psychologie eine Wissenschaft sein sollte, deren Prinzipien rein experimentell und empirisch sind.

Seit dem Ursprung der Psychologie gibt es verschiedene Zweige oder Disziplinen, die aus dem gemeinsamen Stamm der Psychologie hervorgegangen sind, wie z. B:

18. Jahrhundert: der Assoziationismus des deutschen Denkers Johann Friedrich Herbart (1776-1841), eines Kritikers des Idealismus von Schelling, Fichte und Hegel und eines Anhängers des kritischen und realistischen Denkens von Immanuel Kant (1724-1804), der in seinen Werken behauptet, dass die geistigen Prozesse auf einem empirischen Rationalismus beruhen.

19. Jahrhundert:

- 1879, Experimentelle Psychologie, W. Wundt

- 1890er Jahre, funktionalistische Psychologie, William James (James Rowland Angell, 1907)

- 1898, Strukturalismus, Edward Titchener, Edward Titchener

- 1896, Psychoanalyse, Sigmund Freud

- 20. Jahrhundert:

- 1911, Angewandte Psychologie, Hugo Münsterberg 25

- 1913, Behaviorismus, John Broadus Watson

- 1927, kulturgeschichtliche Psychologie, Lev Vygotski

- 1940, Gestalttherapie, Fritz Perls

- 1953, Verhaltenstherapie, Lindsley, Skinner und Solomon

- 1954, Rational Emotive Behavioural Therapy, Albert Ellis

- 1955, Konstruktivismus, Jean Piaget und George Kelly

- 1960er Jahre, kognitive Therapie, Aaron T. Beck

- 1962, Humanistische Psychologie, Amerikanische Vereinigung für Humanistische Psychologie

- 1967, Kognitive Psychologie, Ulric Neisser

- 1973, Neuropsychologie, Alexander Luria26

- 1986, Konnektionismus, PDP-Forschungsgruppe

- 1990er Jahre, Positive Psychologie, Martin Seligman, Martin Seligman

- 1992, Evolution Psychologie, Barkow, Cosmides und Tooby.

- Psychologie im 21. Jahrhundert

Das Aufkommen der Technologie und insbesondere der Virtualität hat der Psychologie im 21. Jahrhundert eine neue Wendung gegeben. Das Aufkommen neuer Techniken in der Medizin, insbesondere der Neuropsychiatrie und Neuropsychologie, hat zu revolutionären neuen Theorien und Hypothesen über die Beziehung zwischen dem menschlichen Geist und der Virtualität geführt.

Die Sozialpsychologie mit ihren progressiven Ansätzen zu Geschlecht und Minderheiten ist einer der Schwerpunkte der Analyse des 21. Jahrhunderts. Die soziale Neurowissenschaft beispielsweise ist heute einer der neuen psychologischen Ansätze. Die Erforschung psychologischer Prozesse hat also einen besonderen Schwerpunkt in der Psychobiologie und den Neurowissenschaften.

Menschliche Phänomene werden durch Gehirnprozesse verursacht und können daher nur auf der Grundlage der Naturwissenschaften objektiv erklärt werden.

Die heutige Technologie macht es möglich, die großen Fragen der Psychologie plausibler zu erklären: Wo ist der Geist, überlebt das Bewusstsein den Hirntod, usw.?

Es gibt immer bessere und genauere technische Hilfsmittel, die die Kluft zwischen unseren Zweifeln und Gewissheiten nur noch vergrößern.

Im 21. Jahrhundert wird Psychologie mit Technologie und Virtualität koexistieren müssen, wie z. B. dem Metaverse und der erweiterten Realität, sowie mit anderen Technologien und psychologischen Studien, die sich derzeit in der Experimentierphase befinden. Obwohl seit den Anfängen der Psychologie und der Erforschung des menschlichen

Verhaltens Versuche unternommen wurden, das Verständnis des menschlichen Geistes zu verbessern, ist bis heute keine psychologische Schule in der Lage gewesen zu erklären, warum es anomale Verhaltensweisen im menschlichen Geist gibt.

Es wird ein Rätsel für Wissenschaftler und Philosophen bleiben. Psychologen, Philosophen und Schriftsteller werden weiterhin über die verschiedenen Anomalien innerhalb des Spektrums des menschlichen Verhaltens und des menschlichen Geistes nachdenken und analysieren, wie zum Beispiel Psychopathen, Narzissten, Manipulatoren und Mitglieder der dunklen Persönlichkeit Triade.

2.2 Wie genau tickt der Verstand eines Serienmörders?

Serienmörder sind eines der spannendsten Phänomene für die Erforschung des menschlichen Geistes. Obwohl die forensische Psychiatrie die psychische Funktionsweise dieser Personen erforscht hat, konnten die Ursachen für die psychische Pathologie, unter der sie leiden, bisher nicht ermittelt werden. Psychologen und Psychiater gehen davon aus, dass die grundlegende Eigenschaft von Psychopathen und Serienmördern die Aufmerksamkeit und Kontrolle über andere ist. Die totale Manipulation anderer ist das Hauptziel dieser Menschen.

Es wird behauptet, dass Serienmörder und Psychopathen keine Gefühle haben, aber das stimmt nicht: Diese Persönlichkeiten haben kein Einfühlungsvermögen für die Gefühle anderer Menschen, sie interessieren sich nur für ihre eigenen Gefühle. Das Bewusstsein, das diese dunklen Persönlichkeiten von ihren Taten haben, ist etwas, das Psychologen und Psychiater seit Jahren beunruhigt. Doch selbst wenn er als "verrückter Psychopath" bezeichnet wird, weiß der Serienmörder sehr wohl, was er tut und warum er es tut.

Der Psychopath befindet sich nicht in einer Welt der Wahnvorstellungen und Phantasien: Er weiß im Gegenteil genau, was er von seinen Opfern will. Bei diesen Personen gibt es keine für Geisteskrankheiten typische Entfremdung, sondern alle Gedanken sind gut organisiert, um die Manipulation und Unterwerfung des Willens ihrer Opfer zu erreichen. Im Gegensatz zu Geisteskrankheiten wie der Schizophrenie, bei der die Patienten vielleicht behaupten, sie hätten Stimmen gehört oder eine Präsenz habe ihnen befohlen, die Taten zu begehen, die sie während der psychotischen Episoden begehen, handelt der Psychopath, ob er integriert ist oder nicht, alles aus Vernunft, auch wenn es dem Rest der Menschen verdreht und unmoralisch erscheinen mag.

Die meisten Serienmörder sind in den Prozessen, die nach ihren Verbrechen durchgeführt werden, selbst wenn diese von höchster Grausamkeit und Grausamkeit sind, für ihren Verstand Teil eines Plans, einer Agenda, die sie entsprechend den Bedürfnissen, die sie in diesem Moment für sich selbst haben, programmiert haben: diese können wirtschaftlich, sexuell, arbeitsbezogen oder einfach aus Langeweile sein.

Die Persönlichkeit eines Psychopathen ist immer attraktiv und sympathisch. Es ist normal, dass sie versuchen, gemocht zu werden und das Vertrauen ihres Opfers zu gewinnen, indem sie freundlich, herzlich, immer aufmerksam und mit einer sehr attraktiven Ausstrahlung auftreten. Aber wie wir in diesem Buch bereits gesagt haben, ist dies nur eine weitere Form der psychologischen Manipulation.

Der Psychopathie-Test von Dr. Robert Hare ist zu einem Standard geworden, wenn es darum geht, eine Person auf der von ihm entwickelten Psychopathie-Skala einordnen zu können. Je höher die Punktzahl einer Person ist, desto wahrscheinlicher ist es, dass sie ein Psychopath ist.

Der Psychopathie-Test von https://www.idr-labs.com/de/psychopathie/test.php

Bewerten Sie die folgenden Aussagen von 1 bis 3. Wählen Sie 1, falls die Aussage auf Sie überhaupt nicht zutrifft, 2, falls Sie sich nicht sicher sind oder die Aussage nicht vollständig auf Sie zutrifft, und 3, falls die Aussage perfekt auf Sie zutrifft.

1. Ich habe das Gefühl, dass ich eine charmante Person für andere bin.

2. Ich denke, ich bin mehr wert als andere Menschen

3. Ich neige dazu, mich zu langweilen, ich brauche ständige Stimulation.

4. Ich kann nicht anders, ich lüge viele Male, ständig und sogar pathologisch.

5. Ich empfinde ein gewisses Wohlbefinden, wenn ich der Anführer bin und andere manipuliere.

6. Ich fühle normalerweise weder Schuld noch Reue

7. Wenn ich irgendeine Art von Gefühl empfinde, ist es normalerweise nicht sehr tief.

8. Ich habe das Gefühl, dass ich sehr unsensibel werden kann und es mir schwerfällt, Empathie für andere zu empfinden.

9. Es fällt mir schwer, es zuzugeben, aber ich neige dazu, mit anderen zu interagieren, um irgendeinen Nutzen zu haben.

10. Wenn ich nervös bin, fällt es mir sehr schwer, mich zu beherrschen, und ich kann jeden Moment explodieren.

11. Ich betrachte mein Sexualverhalten als ziemlich promiskuitiv.

12. Ich finde es schwierig, meine Impulse zu kontrollieren

13. Ich habe das Gefühl, dass ich keine realistischen langfristigen Ziele habe.

14. Ich halte mich für einen Menschen, der handelt, bevor er über die Konsequenzen nachdenkt.

15. Ich finde es schwierig, externe Verantwortung zu übernehmen

16. Ich habe das Gefühl, dass ich nicht in der Lage bin, die Verantwortung für mein eigenes Handeln zu übernehmen.

17. Meine Liebesaffären waren relativ kurz

18. Als er jünger war, war er ein Kleinkrimineller gewesen.

19. Ich habe irgendwann in meinem Leben Drogen oder Alkohol missbraucht.

20. Ich habe mich an einem anderen kriminellen Verhalten beteiligt

2.3 Profile berühmter Mörder:

Die Persönlichkeiten von Psychopathen und Serienmördern faszinieren viele Menschen aufgrund der Grausamkeit und Grausamkeit, mit der sie ihre Taten begangen haben. Viele fragen sich vielleicht: Was kann mich, einen normalen Menschen, von den bekanntesten Psychopathen und Serienmördern der Geschichte unterscheiden, wenn ich mein Profil mit ihnen vergleiche?

Jack The Ripper:

Im viktorianischen London wurde ein mysteriöser Mörder berühmt, weil er im Stadtteil Whitechapel im East End der britischen Hauptstadt serienweise Prostituierte tötete. Mehr als 130 Jahre nach den Ereignissen weiß man immer noch nichts über den wirklichen Täter, der den Spitznamen Jack the Ripper erhielt. Die einzige Gewissheit über Jack the Ripper ist, dass sie mit den elf Verbrechen in Verbindung stehen, die als "Whitechapel Crimes" in die Geschichte eingegangen sind. Die Forscher und Autoren, die darübergeschrieben haben, sind sich jedoch nur darin einig, dass fünf dieser Verbrechen seine eigenen waren: Mary Ann Nichols, Annie Chapman, Elizabeth Stride, Catherine Eddowes und Mary Jane Kelly waren allesamt Prostituierte, und das Einzige, was sie gemeinsam hatten, war die Art ihres unglücklichen Todes.

Ed Gein, der Schlächter von Plainfield:

Dieser Serienmörder ist einer der verstörenden von allen. Sein brutales und groteskes Verhalten inspirierte den Film Psycho sowie American Physcho und Das Schweigen der Lämmer. In einem Städtchen in Wisconsin tauchte ein mysteriöser, dunkler Mann auf, der die Ordnung und Ruhe des Lebens in dem verschlafenen Weiler störte. Als die Polizei aufgrund von Vermisstenmeldungen Nachforschungen anstellte, stieß sie schließlich auf ein Bauernhaus und fand im Erdgeschoss des Anwesens einen makabren Fund: verschiedene Gegenstände aus Menschenhaut und schädel ähnliche Überreste, von denen einige sogar als Lampen dienten. Obwohl behauptet wurde, dass Ed Gein Nekrophilie mit den Leichen der von ihm ermordeten Frauen praktizierte, konnte dies nie zuverlässig bewiesen werden. Im Rahmen des forensischen Profils dieses Mörders wurde behauptet, er habe eine Beziehung mit dem Ödipuskomplex zu seiner Mutter gehabt. Nach seinem Prozess beendete Ed Gein am 26. Juli 1984 seine Tage in einer psychiatrischen Anstalt.

John Wayne Gacy, der Killer-Clown:

Clowns sind Figuren, mit denen man in Horrorfilmen häufig konfrontiert wird.. Der Ursprung dieser Assoziation hat mit den Verbrechen von John Wayne Gacy zu tun. Dieser Serienmörder wurde 1942 in Chicago geboren. Die Misshandlungen durch seinen alkoholkranken Vater, der ihn demütigte und schlug, wenn er betrunken nach Hause kam, traumatisierten den späteren Mörder. Obwohl er mit Anfang zwanzig heiratete, begann seine kriminelle Karriere mit dem Missbrauch von zwei minderjährigen Jungen. Er wurde zu zehn Jahren Gefängnis verurteilt, aber nach sechzehn Monaten wurde er aufgrund seines guten Verhaltens im Gefängnis auf Bewährung entlassen.

Er arbeitete bei einer Fast-Food-Kette und gewann die Sympathie der Dorfbewohner, indem er gelegentlich Kinderfeste für als Clowns verkleidete Kinder veranstaltete, eine Art altes Ego, das er Pogo taufte. Ende 1978 führte die Polizei eine Razzia im Haus von Pogo, dem Killer Clown, oder anders gesagt von Gacy durch: Er hatte einige der Leichen von 33 Jugendlichen im Alter von 15 bis 21 Jahren auf seinem Hinterhof Gelände vergraben; andere Leichen hatte er am Ufer des Des Plaines River vergraben.

Obwohl er während des Prozesses behauptete, er leide an einer schizoiden Persönlichkeitsstörung, und behauptete, Pogo der Clown sei derjenige, der ihn zu den abscheulichen Verbrechen getrieben habe, glaubten ihm die Geschworenen nicht und er wurde zum Tode verurteilt. John Wayne Gacy, alias Pogo the Killer Clown, starb 1994 durch eine tödliche Injektion.

Ted Bundy:

Einer der charmantesten Serienmörder, der alle Techniken von Manipulatoren, Narzissten, Machiavellisten und dunklen Triade Persönlichkeiten anwendete, war Ted Bundy. Theodore Robert Cowell, so der Vorname des Mörders, wurde in Burlington, Vermont, geboren. Er war ein brillanter Student der Rechtswissenschaften und der Psychologie. Sein attraktiver Körperbau, sein Charakter und sein Charisma machten ihn sehr beliebt, vor allem bei den Frauen. Er war der perfekte Mann, den jedes Mädchen haben wollte. Die Trennung von einer seiner Freundinnen, Stephanie Brooks, könnte nach Ansicht von Experten einer der Auslöser für Teds Unausgeglichenheit gewesen sein.

Ted Bundy begann, nachdem er sich von seiner Ex-Freundin Stephanie verabschiedet hatte, eine blutige Karriere, die ihn als einen der brutalsten Serienmörder der modernen Geschichte bekannt machte. Im Jahr 1974 begann Bundy seinen kriminellen Amoklauf, indem er eine Frau namens Joni Lenz mit einer Eisenstange angriff und sie anschließend sexuell missbrauchte.

Bundy gab sich als Mann mit gestrecktem Arm aus, um junge, meist brünette Frauen zu bitten, ihm bei der Panne seines Autos zu helfen, und sie dann zu entführen, zu vergewaltigen und zu ermorden. In einer Polizeiuniform gelang es ihm, mehrere seiner Opfer zu überreden. Doch 1975 führte diese veränderte Vorgehensweise dazu, dass eine echte Polizeistreife ihn aufgrund von Erkenntnissen aus forensischen Untersuchungen, die ihn als Hauptverdächtigen auswiesen, schnappen konnte.

Nach seinem Geständnis, 30 Frauen ermordet zu haben, wurde Bundy vor Gericht gestellt. Im Jahr 1976 wurde er für seine Verbrechen zu fünfzehn Jahren Gefängnis verurteilt, doch es gelang ihm, aus dem Gefängnis zu fliehen; nach seiner Festnahme gelang ihm 1977 noch zweimal die Flucht, bis er erneut von der Polizei gefasst wurde. Nach einem langen Prozess wurde Bundy schließlich zum Tode verurteilt. Er wurde 1989 auf dem elektrischen Stuhl hingerichtet.

Jeffrey Dahmer:

Während seine Eltern sich stritten und ihre Beziehung sich verschlechterte, flüchtete sich der junge Jeffrey in die Wälder, wodurch seine Introvertiertheit nur noch schlimmer wird. Sein Verhalten wurde im Laufe der Zeit immer obskurer und beunruhigender: So begann sich Jeffrey tote Tiere zu sammeln, um sie zu sezieren.

Als Dahmer älter wurde, begann er, sich zu anderen jungen Männern hingezogen zu fühlen. Er fantasierte von rauem Sex, aber in seinen verdrehten Wünschen war auch ein morbider Todestrieb enthalten. Um diesen und den andauernden Streitereien seiner Eltern zu entgehen, begann er zwanghaft Alkohol zu trinken.

Dahmers nekrophile und homosexuelle Triebe führten dazu, dass er in beliebten Schwulenbars nach Opfern suchte. Dort arrangierte er die Begegnungen und nahm sie dann mit in seine Wohnung, wo er sie gnadenlos ermordete. Nachdem er sie geschlachtet hatte, legte er die Leichen in den Kühlschrank. Der faulige Geruch des verrottenden Fleisches zog die Aufmerksamkeit der Nachbarn auf sich. Seine Vorgehensweise bei seinen Opfern beruhte auf seinen homosexuellen Neigungen. Nachdem er sie in Bars angemacht hatte, nahm er sie mit zu sich nach Hause und gab ihnen Geld, damit sie als Erotikmodelle fungierten.

Auf der Liste der von Dahmer ermordeten Männer stehen unter anderem: Richard Guerrero, James Doxtator, Anthony Sears, Raymond Smith, Edward Smith, Ernest Miller, David Thomas, Curtis Straughter, Errol Lindsey, Konerak Sinthasomphone, Tony Hughes, Oliver Lacy, Matt Turner und Joseph Bradehoft.

1991 traf Dahmer den jungen Afroamerikaner Tracy Edwards, dem er 100 Dollar dafür bot, dass er für ihn Modell stand. Glücklicherweise gelingt es dem jungen Mann zu fliehen und eine Polizeistreife zu finden, der er den Ort nennt, an den Dahmer seine Opfer bringt, um sie zu töten. Vor Ort bemerkte einer der Polizisten den üblen Geruch sowie Fotos von zerstückelten Leichen. So wurde Jeffrey Dahmer, der "Schlächter von Milwaukee", schließlich festgenommen, nachdem er elf Männer getötet hatte.

Während des Prozesses gab Dahmer nekrophile Handlungen und kannibalische Praktiken mit den von ihm getöteten Männern zu. Nach einem Prozess wegen fast fünfzehn Verbrechen wurde er für jedes einzelne zu einer lebenslangen Freiheitsstrafe verurteilt. Es war das Jahr 1992. Zwei Jahre später verletzte ihn Jesse Anderson, ein anderer Häftling, während einer Schlägerei innerhalb des Gefängnisses mit einer Metallstange am Kopf. Anderson erklärte, er habe von Dahmers abscheulichen Verbrechen aus der Presse erfahren und wollte in Gehorsam gegenüber dem Willen Gottes selbst für Gerechtigkeit sorgen. Dahmer starb kurz darauf an den Folgen seiner Verletzungen.

2.4 Manipulative Politiker: Hitler, Stalin, Mao, Fidel Castro, usw.

Politik ist ebenfalls eine geeignete Tätigkeit für Psychopathen, Manipulatoren und Mitglieder der Dunklen Triade. Der Einsatz von verbalen, gestischen und symbolischen Mitteln bedeutet, dass es in diesem Bereich Fälle von Psychopathen gab, die durch Manipulation und Lügen an die Macht kamen. In der Politik und im Wahlkampf sowie bei der Ausübung der Macht durch die Regierung ist die Kommunikation über die verfügbaren Medien wichtig. Manipulation ist notwendig, um die Wähler zu überzeugen. Manipulation ist in der Genetik des Menschen angelegt. Kleine Kinder lernen es schnell: Wenn sie weinen, treten oder die

Aufmerksamkeit ihrer Mutter erregen, erhalten sie Nahrung, Schutz und Aufmerksamkeit.

Der Empfänger der Botschaft des Politikers muss unterwürfig, gefügig und hilflos sein. Politischer Messianismus ist für die Massen einfacher als kritisches Denken. Dies führt dazu, dass viele Menschen die populistische Demagogie unterstützen, die den schwächsten und unterprivilegierten Klassen staatlichen Schutz bietet.

Der politische Führer muss selbstlos handeln und sich in die einfachen Menschen hineinversetzen. Zu diesem Zweck muss er dem Wähler das Gefühl vermitteln, dass er ihn braucht, um ihm bei der Führung seines Lebens zu helfen. Es gibt eine Identifikation mit den Zielen des Wählers, eine Vorstellung von Opferbereitschaft, durch die er, wie er sagt, entweder nur geistige und moralische Befriedigung erlangt oder für das Wohl des Landes arbeitet.

Große politische Manipulatoren nutzen oft die Opferrolle, um die Sympathie der Wähler zu gewinnen. Sie argumentieren auch gegen ihre politischen Feinde, die sie vernichten wollen. Zu diesem Zweck nehmen Themen wie Geheimbünde, Opposition, Einmischung ausländischer Regierungen die Form des Feindes an.

Zu den großen Manipulatoren der Geschichte gehören:

Adolf Hitler:

In seinen Reden in München vertrat er die Ansicht, dass Juden und Kommunisten das verarmte Deutschland nach dem Versailler Pakt in den Ruin treiben würden. Diese

Rede, in deren Verlauf er wegen eines versuchten Staatsstreichs verfolgt und später inhaftiert wurde, brachte ihm die Sympathie des konservativen Flügels ein, der die Politik der Linken satthatte. seiner Entlassung aus dem Gefängnis, wo er sein berühmtestes Buch "Mein Kampf" schrieb, verbündete er sich mit Paul von Hindenburg, einer führenden Persönlichkeit der deutschen Politik, der ihn vorbehaltlos unterstützte. Schließlich gelang es Hitler 1933, die Macht als Reichskanzler zu ergreifen. Sechs Jahre später entfesselte er einen der blutigsten Kriege der Geschichte, der Millionen von Toten forderte.

Fidel Castro Rus:

Fidel Castro gelang es auch, durch Manipulation und verbale und symbolische Fähigkeiten die Macht zu ergreifen. Es gelang ihm, eine Gruppe von Rebellen gegen die Regierung von Fulgencio Batista zu integrieren. Er wurde als Mann mit großem Charisma, verbalen Fähigkeiten und Führungsqualitäten charakterisiert, was ihn zum Regierungs Verantwortlichen machte, der den kubanischen Diktator entmachtete. Seine Methoden der Rechtsprechung und die Charakteristik des kommunistischen Diktatur Modells haben Fidel Castro, der von 1959 bis zu seinem Tod im Jahr 2016 an der Macht blieb, zu einem der hartnäckigsten linken Tyrannen der Geschichte.

Josef Stalin:

Er stand an der Spitze des sowjetischen Staates, sowohl als Generalsekretär des Zentralkomitees der Kommunistischen Partei der Sowjetunion zwischen 1922 und 1952 als auch als Vorsitzender des Ministerrats der Sowjetunion zwischen 1941 und 1953, dem Jahr seines Todes. Wie die meisten politischen Führungspersönlichkeiten ist auch er ein zwiespältiges Bild: Als eiserner Führer seiner Nation gelang es ihm, diese nach dem Zweiten Weltkrieg als eine der militärischen und nuklearen Weltmächte zu positionieren, doch in Bezug auf die individuellen Freiheiten und das Wirtschaftswachstum pro Kopf blieb sein Land stets hinter dem Wohlstand der westlichen Mächte zurück. Er war ein geschickter Selbstdarsteller, der einen ständigen Personenkult betrieb und alle ihm zur Verfügung stehenden Mittel nutzte, um seine Macht mit eiserner Faust auszuüben, wobei er sogar Mitglieder seines inneren Kreises hinrichten ließ, um seine Ziele zu erreichen. Zu seinen Hauptverbrechen gehörten die Säuberungen, die er in den 1930er Jahren innerhalb der Partei durchführte, sowie der Holocaust am ukrainischen Volk, auch bekannt als Holodomor, der zum Hungertod von etwa 12 Millionen Menschen führte.

Mao Tse Tung:

Er war einer der Architekten des Zusammenhalts Chinas als Industriemacht und begründete mit seiner Politik und Ideologie die Struktur der Volksrepublik China. Als einer der führenden Philosophen des Wiederaufstiegs Chinas zu einem der führenden Länder der Welt vollbrachte Mao das Kunststück, die bevölkerungsreichste Nation der Welt zu lenken. Die Notwendigkeit, dies zu erreichen, führte jedoch dazu, dass er kein Mitgefühl für die Bedürfnisse der Bevölkerung hatte, was zum Verhungern von Millionen von Bauern führte, die ihre Arbeitswerkzeuge an Parteimitglieder abgeben mussten, die ihre Industrialisierung Statistiken als Stahl- und andere Mineralien Macht vervollständigen mussten.

2.5 Wie der Profiler die psychologische Manipulation versteht

Die moderne Psychiatrie hat sich mit dem Thema der integrierten und nicht integrierten Psychopathen befasst, um die tiefen Beweggründe dieser dunklen Subjekte zu verstehen. Eine der vielleicht komplexesten Fragen ist die nach den wahren Motiven hinter der Manipulation von Personen der dunklen Triade, Psychopathen und Narzissten. Manchmal ist es schwierig, ein Profil der Persönlichkeit zu erstellen und sie in eine der Kategorien einzuordnen: Narzisst, integrierter oder nicht integrierter Psychopath, Manipulator, schizoide Persönlichkeit usw.

Es gibt keine Verschreibung. Das ist etwas, das jeder Psychiater mit ausreichender Erfahrung in Betracht ziehen wird, um eine Einstufung entsprechend dem angebotenen Profil vorzunehmen. Gelegentlich, so der Experte für klinische Psychologie und forensische Psychiatrie Robert Hare, geben einige Personen vor, Psychopathen zu sein, aber es gibt ausgeprägte Merkmale, die dazu führen, dass ein Experte, wenn er mit einer solchen Person konfrontiert wird, nicht zögert, sie als Psychopath einzustufen.

Auch wenn es für jeden Manipulator und Psychopathen unterschiedliche Motivationen und geheime Absichten gibt, so ist doch die Hauptsache, die eine dieser dunklen Persönlichkeiten anstrebt, die Kontrolle zu übernehmen, um ein Verlangen zu befriedigen, das ihn in diesem Moment in Richtung seines Opfers treibt. Verbale Fähigkeiten sowie die Art und Weise der nonverbalen Kommunikation sind Teil des Repertoires, das sich je nach den Bedürfnissen des Manipulators ändert und einem vorgegebenen Skript folgt.

Der Manipulator wird immer die Version der Ereignisse ändern, um sein Verhalten zu rechtfertigen, auch wenn es nicht zu rechtfertigen ist, er wird sagen, dass er es getan hat, um seinem Opfer etwas Gutes zu tun. Er wird immer leugnen, was er getan hat. Zynismus ist eine wesentliche Eigenschaft, um ein Profil einer solchen Person zu erstellen. Im Hintergrund des ganzen Netzes, das der emotionale Manipulator spinnt, steht die Motivation für die Verherrlichung seines Egos, sein pathologischer Narzissmus und sein Bedürfnis, jede einzelne Handlung des Opfers zu kontrollieren und Macht zu haben.

Der Schlüssel für den Profiler des Manipulators liegt in den verschiedenen Überredungstechniken, die der Räuber einsetzt; in der Art und Weise, wie er sie einsetzt, um das zu bekommen, was er von seinem Opfer will. Nach einem Modell, das in der Psychologie als Eysencks PEN[3] bekannt ist, können Manipulatoren, Narzissten und Psychopathen verschiedene Persönlichkeitsmerkmale nutzen, um andere Menschen zu beeinflussen.

Um ein Persönlichkeitsprofil eines Manipulators oder eines anderen Mitglieds der dunklen Triade zu erstellen, muss man von einer Reihe von Koordinaten ausgehen, die in Eysencks Theorie durch einen dreidimensionalen Würfel dargestellt werden, in dem je nach den individuellen Merkmalen, wie z. B.:

---

[3] Eysencks psychobiologisches Persönlichkeitsmodell: eine in die Zukunft projizierte Geschichte.Schmidt,V.*,Firpo,L.,Vion,D.,De Costa Oliván,M. E., Casella,L.,   Cuenya,L,Blum,G.D.,andPedrón,V   https://revistapsicologia.org/index.php/revista/article/view/63/60

Psychotizismus/Empathie: Bezieht sich auf den Grad der Angst, der Empathie, des Einfühlungsvermögens, der Kreativität sowie des Nachdenkens über eine bestimmte Situation.

-Extraversion /Introversion: Unterdrückung von Geselligkeit und Impulsivität, sowie auf der Ebene der Reflexion des Persönlichkeitscharakters.

-Neurotizismus/Emotionale Stabilität: Dies ist der Grad der Sorge oder des Mangels an Sorge, der Sicherheit oder des Mangels daran, der Angst usw.

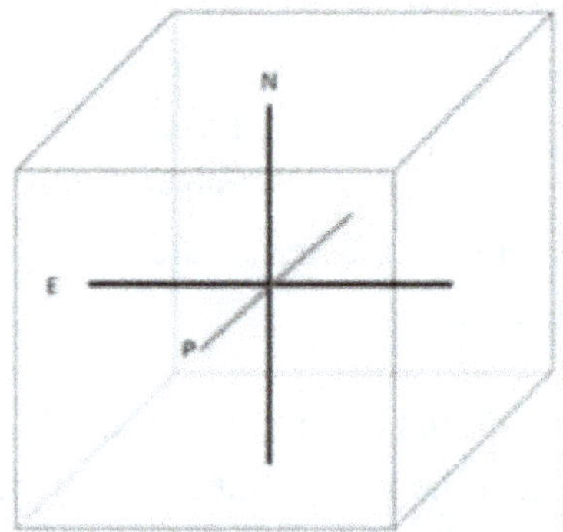

Persönlichkeitsdimensionen-Modell von Eysenck

Nach diesem Modell werden die grundlegenden Dimensionen für Eyseck wie folgt im Würfel dargestellt: (E) Extraversion, (N) Neurotizismus und (Psychotizismus. Jede Person kann auf dem Würfel nach dem Grad der Ausprägung jeder dieser Komponenten eingeordnet werden. Auf diese Weise können die Richtungswerte innerhalb des Würfels oszillieren; sie werden nie absolut sein, sondern verschiedene Variationen aufweisen.

N

Traurigkeit - Depression - Schüchternheit - Ängstlichkeit - Anspannung - Angst - Schuldgefühle - Irrationalität - Verlegenheit - Launenhaftigkeit - Emotionalität - Sorgen

E

Kontaktfreudigkeit - Aktivität - Durchsetzungsvermögen - Nonchalance - Dominanz - Sensationslust (sozialisiert) - Kühnheit - Spontaneität - Schnelligkeit

P

Impulsivität - Aggressivität - Feindseligkeit - Kälte - Egozentrik - hohes Einfühlungsvermögen - Grausamkeit - Kreativität - Unangepasstheit - geistige Zähigkeit

2.6 Die 10 wichtigsten räuberischen Manipulationstechniken

Um die Kontrolle über die Gefühle anderer zu erlangen, wenden die Persönlichkeiten der Manipulatoren verschiedene Arten von Techniken an, die wirksam sind. Forscher haben eine Vielzahl solcher Techniken identifiziert, aber wir werden sie in zehn zusammenfassen, die eine Art Kompendium der räuberischen Manipulation darstellen:

1. die Projektion:

Manipulatoren nutzen diese Technik, die fast immer sehr effektiv ist. Kurz gesagt, besteht die Projektion darin, wie der Name schon sagt, jeder Art von Anschuldigung auszuweichen, um sie der anderen Person vorzuwerfen oder zu projizieren. Wenn jemand beispielsweise untreu ist und von seinem Partner mit Beweisen beschuldigt wird, greift der

Manipulator auf diese Technik zurück, indem er behauptet, dass er sich nicht dessen schuldig gemacht hat, was ihm vorgeworfen wird, und unter irgendeinem Vorwand auf die andere Person verweist, um auf eine falsche Fährte zu locken: "Du hast auch mit X geflirtet, während der Geburtstagsfeier unserer Tochter, weil ich gesehen habe, wie du sie angelächelt hast".

2. Positive Verstärkung:

Diese Technik hat mit einer Art von Belohnung zu tun, mit der der Manipulator versucht, die Zuneigung seines Opfers zu gewinnen. Zum Beispiel kann er einer Frau, die er erobern will, schmeicheln, indem er ihr sagt, dass sie toll aussieht, dass die Kleidung, die sie gekauft hat, ihr wirklich schmeichelt, dass sie eine schöne Stimme hat, ihr Emojis oder romantische Lieder schickt, um die positive Abhängigkeit zu verstärken. Wenn die Dinge nicht so laufen, wie der Manipulator es will, wendet er die folgende Bestrafung Technik an.

3. Negative Verstärkung:

Wenn die Dinge nicht so laufen, wie der Manipulator es geplant hat, wird eine negative Verstärkung eingesetzt. Kurz gesagt, wird bei dieser Technik Gleichgültigkeit oder das so genannte Ghosting auf das Opfer angewandt, indem dessen Nachrichten, Anrufe oder Bitten, den Kontakt wieder aufzunehmen, ignoriert werden, wenn der Manipulator der Meinung ist, dass das Opfer nicht das Richtige getan hat, d. h. ihm nicht mehr die Kontrolle über sich gibt oder nicht mehr das tut, was der Manipulator ihm aufträgt.

4. Konfliktualität:

Absurdes Streiten und Kämpfen über alles Mögliche ist eine beliebte Technik, um abzulenken, abzuschweifen und schließlich die Kontrolle wiederzuerlangen, wenn man das Gefühl hat, nicht mehr Herr der Lage zu sein. Der Streit kann im am wenigsten erwarteten Moment und über eine Situation entstehen, die nicht direkt mit dem Thema des Unmuts zu tun hat. So kann beispielsweise die Farbe eines Kleidungsstücks einen Konflikt auslösen, bei dem es um die arrogante Haltung oder den sozialen Status der Familie Ihres Partners geht. Dies ist sinnvoll, wenn es darum geht, die Kontrolle wiederzuerlangen: Sobald das Opfer nachgibt oder akzeptiert, dass ihm Unrecht getan wurde, wird es eine Versöhnung mit dem Manipulator suchen.

5. Gaslighting:

Dies ist eine der üblichen Techniken von Manipulatoren, Narzissten und dunklen Persönlichkeiten der Triade. Sie geht auf einen Film aus den 1940er Jahren zurück, in dem der Protagonist seinen Partner zum Zweifeln brachte, indem er den Gashahn so veränderte, dass das Licht schwächer oder intensiver wurde, wodurch sich die Wahrnehmung der Realität, die er zu diesem Zeitpunkt hatte, veränderte. Die Technik des Gaslighting bringt das Opfer dazu, an der Gewissheit der Tatsachen zu zweifeln und damit auch an seiner Erinnerung und seinem Verstand. Der Manipulator kann argumentieren, wenn das Opfer ihm sagt, dass sie an einem bestimmten Ort und an einem bestimmten Tag waren, indem er ihm sagt, dass dies nicht der Fall war, dass sie zum Beispiel nie dort waren. Wenn er ein Bier getrunken hat, kann er dem Opfer sagen, dass er unter Alkoholeinfluss stand, um die Realität zu verzerren, indem er Elemente, Personen oder Dinge für seine Zwecke weglässt oder hinzufügt.

6. Zerstörung des Selbstwertgefühls:

Eine weitere Technik der Manipulatoren besteht in der Zerstörung des Selbstwertgefühls des Opfers. Das Selbstwertgefühl ist einer der wichtigsten Mechanismen für den Selbstwert und die Identifikation des Geistes und des Ichs. Für Manipulatoren ist die Untergrabung des Selbstwertgefühls, die Untergrabung der Fähigkeiten und Stärken ihres Opfers, von wesentlicher Bedeutung, um die Kontrolle zu gewinnen, da das Opfer sein Selbstwertgefühl verliert.

7. Zwanghaftes Lügen:

Ein charakteristisches Merkmal, das mit den Persönlichkeiten der dunklen Triade, zu denen auch die Manipulatoren gehören, verbunden ist, ist das zwanghafte Lügen. Fast alle Menschen haben irgendwann in ihrem Leben oder unter bestimmten Umständen auf die eine oder andere Weise gelogen. Im Fall von Manipulatoren sind es jedoch die Folgen und das Ausmaß der Lüge, die sie so giftig machen. Normale Menschen geben nach einer Lüge normalerweise zu, dass sie gelogen haben, und entschuldigen sich entsprechend der Last ihres Gewissens; für den Manipulator und andere Persönlichkeiten der dunklen Triade gibt es jedoch nichts dergleichen: Es ist einfach ein Geschäft. Das Lügen ist ein Mechanismus, um die Kontrolle über ihre Opfer zu erlangen, und wenn das von der Art der Lüge und ihren Folgen abhängt, dann haben sie keine Skrupel, zwanghaft zu lügen. Die Lügen des Manipulators können relativ oder absolut sein, d. h. er kann über alles lügen, was er sagt, oder er kann nur über bestimmte Teile seiner Geschichte lügen, um zu bekommen, was er will.

8. Schuldgefühle und Drohungen:

Für den Manipulator sind die Kontrolle der Gefühle seines Opfers, entweder durch Selbstgeißelung, d. h. durch Schuldgefühle, oder durch Bedrohung, zwei Möglichkeiten, die Angst oder das Mitgefühl seines Opfers zu seinem Vorteil zu nutzen. Schuldgefühle führen dazu, dass sich das Opfer verletzt fühlt und das Gefühl hat, etwas Falsches getan zu haben, indem es sich dem Manipulator hingibt, weil es das Gefühl hat, ihm als Gegenleistung für eine vermeintliche Kränkung, die es nicht begangen hat, etwas zu schulden; in manchen Fällen führt die Verteidigung gegen den Missbrauch durch den Manipulator dazu, dass der Manipulator ihr Vorwürfe macht und Schuldgefühle bekommt.

Drohungen hingegen sind ein weiteres wirksames Mittel, um das Opfer unter Druck zu setzen. Das Ego des Manipulators ist in der Regel sehr schwach und fühlt sich durch seine Unsicherheiten angegriffen. Deshalb kann er wahllos Drohungen als Abwehrmechanismus einsetzen, um die Kontrolle über sein Opfer zu erlangen. Wenn das Opfer sich weigert, die Forderungen des Manipulators zu erfüllen, droht er damit, etwas zu sagen, zu tun, anzugreifen oder irgendetwas anderes zu tun, das dem Opfer Angst macht, damit es den Forderungen des Manipulators nachgibt. Im Grunde genommen will der Manipulator dem Opfer mit der Drohung das Recht nehmen, eine Meinung zu haben, zu entscheiden und zu wählen.

9. Das Eisgesetz:

Diese Technik könnte auch als Gesetz des Schweigens bezeichnet werden, aber sie ist als Gesetz des Eises populär geworden, da der Manipulator Distanz, Gleichgültigkeit und mangelnde Aufmerksamkeit als eine Form der Bestrafung für sein Opfer anwendet, wenn er der Meinung ist, dass es die Regeln der Kontrolle, die er ihm auferlegt, überschritten hat. Der Manipulator erkennt den anderen nicht als gültiges Subjekt an, d. h. er hört auf zu existieren und spricht folglich nicht mit ihm, ignoriert ihn, nimmt keine Rücksicht auf ihn. Durch dieses Gesetz des Eises gelingt es dem Manipulator, das Opfer zum Nachgeben zu bringen, indem es seine Aufmerksamkeit sucht und einfordert, sich entschuldigt oder seinem Willen nachgibt, damit der Täter wieder die Kontrolle über sein Leben übernehmen kann.

10. Gedankenkontrolle:

Für den Manipulator ist es eine Form der Macht, sein Opfer bestmöglich zu kontrollieren. Deshalb wird er bei der geringsten Andeutung von Rebellion seitens seines Opfers einen Konflikt, einen Kampf oder einen Streit heraufbeschwören, um die Kontrolle auf irgendeine Weise wiederzuerlangen. Gedankenkontrolle ist eine sehr wirksame Taktik für den Manipulator. Er kann sie auf verschiedene Weise ausüben, z. B. indem er Geld, Zeit oder die Orte, an denen sich sein Partner aufhält, kontrolliert; er kann die Zeit des Arbeitnehmers ändern, ihn bestrafen oder ihm die Arbeitszeit entziehen, wenn er im Arbeitsumfeld nicht das tut, was er will; im sozialen Umfeld kann er ihn bei Veranstaltungen, Treffen oder Partys nicht mehr berücksichtigen, wenn der Manipulator der Meinung ist, dass sein Opfer nicht das getan hat, was es tun sollte, d. h., dass es sogar in seinen Wünschen und Gedanken der Kontrolle des Manipulators nachgibt.

Da die Persönlichkeiten der dunklen Triade - Machiavellisten, Narzissten und Psychopathen - dazu neigen, diese

Techniken wiederholt und nach einem klar festgelegten
Muster anzuwenden, ist es sowohl Psychologen als auch
Psychiatern gelungen, sie zu erkennen, so dass das Opfer
erkennen kann, welches die wichtigsten Elemente sind, um
zu wissen, ob jemand von einer dieser dunklen Persönlichkeiten kontrolliert wird. Dieses Thema führt uns zum nächsten Kapitel, in dem wir sehen werden, was Gedankenkontrolle ist und wie sie abläuft, und in dem wir die beste Strategie aufzeigen, um sie zu vermeiden.

KAPITEL 3: STRATEGIEN GEGEN MENTALE MANIPULATION

3.1 Die 10 wichtigsten Techniken der Gedankenkontrolle

Die Manipulatoren und Persönlichkeiten der dunklen Triade sind sich oft über die Techniken im Klaren, mit denen sie Gedankenkontrolle über ihre Opfer ausüben. Mit Hilfe von NLP-Techniken dringen die Manipulatoren buchstäblich in die Gedanken ihrer Opfer ein, kontrollieren sie und bekommen, was sie im Rahmen ihrer dunklen Agenda wollen. Wenn Sie diese zehn praktischen und wirksamen Techniken kennen, die von diesen Personen eingesetzt werden, können Sie der Gedankenmanipulation entgegenwirken, wenn Sie ein Opfer sind.

1. falsche Sympathie zeigen:

Falsche Sympathie ist eine der Meistertechniken von Manipulatoren, um die mentale Kontrolle über ihr Opfer zu erlangen. Ständig zu lächeln und ein angenehmes Gesicht zu zeigen, ist für das menschliche Gehirn unerlässlich, um einfühlsame Züge zu finden. Aus diesem Grund wird der Manipulator eine besonders sympathische und angenehme Person sein; er kann einen Sinn für Humor zeigen, manchmal sogar schwarzen Humor, um das Vertrauen seines potenziellen Opfers zu gewinnen. Unser Verstand ist viel einfühlsamer für Gesichter, die ein Lächeln zeigen und in all ihren körperlichen Äußerungen, sowohl verbal als auch nonverbal, freundlich sind. Deshalb ist eine Person, die freundlich und nett ist, die lächelt und freundliche Gesten macht, für andere angenehmer, attraktiver und vertrauenswürdiger. Seien Sie genauso sympathisch zu jemandem, der manipulativ ist oder im Verdacht steht, es zu sein. Das wird ihre Absichten Ihnen gegenüber ausgleichen, obwohl Sie sie nicht ausstehen können.

2. Dem Manipulator Zeit widmen

Wenn jemand Zeit mit uns verbringt, fühlen wir uns besonders. Die eigentliche Bedeutung dieses Gefühls ist, dass wir anders sind als die anderen. Aus diesem Grund setzen Manipulatoren diese Technik als ihr wichtigstes Ass im Ärmel ein. Indem sie sich um alles kümmern, was mit dem Leben einer Person zu tun hat, um ihre Fragen, Probleme, Wünsche, Träume, Enttäuschungen usw., erzeugen sie sofortige Sympathie bei der Person, die sich auf echte Weise kümmert, ohne eine Gegenleistung zu verlangen. Die Technik, Zeit mit dem Opfer zu verbringen, bringt das Opfer dazu, dem Täter sein ganzes Vertrauen zu schenken, ohne dass es dem Täter gegenüber irgendeinem Verdacht hegt. Interessieren Sie sich auch für die Person, von der Sie glauben oder vermuten, dass sie ein Manipulator ist und die es auf Sie abgesehen hat.

3. Die Verführung zu Ihrem Vorteil nutzen:

Der Begriff Verführung wird im Allgemeinen für ein sexuelles oder zärtliches Interesse verwendet. Er kann jedoch für viele Arten von Situationen und Umfeldern verwendet werden, z. B. im beruflichen oder gesellschaftlichen Bereich. Wie ein geschickter Manipulator sollten Sie sich gut kleiden, mit einem ungewöhnlichen Vokabular sprechen, ausdrucksstark und schmeichelhaft sein und eine korrekte Körperhaltung einnehmen, die Vertrauen ausstrahlt. Erscheinen Sie vor dem Manipulator nicht zerbrechlich oder schwach: Selbstwertgefühl und Selbstvertrauen sind Elemente, die diese Menschen entwaffnen können.

4. Aufmerksam und einsichtig sein:

Der Einsatz der Waffe der Einsicht bei dem Manipulator kann dazu führen, dass er Ihnen gegenüber verletzlich ist und seine schwächste Seite zeigt. Analysieren Sie jedes Wort und jede Geste Ihres potenziellen Manipulators. Selbst wenn Sie den Verdacht haben, dass Sie es mit einem Manipulator zu tun haben könnten, nutzen Sie jedes Element, um seine Reaktion zu analysieren und zu erahnen, was er tun könnte. Wenn Sie noch einen Schritt weiter gehen und versuchen zu erraten, was er tun wird, kann der Manipulator unbewaffnet bleiben.

5. Kaltblütig sein:

Die charakteristische Eigenschaft des Manipulators ist Kaltblütigkeit, was bedeutet, dass man sich immer auf den Selbstschutz konzentrieren und seine Karten nicht zeigen sollte. Wenn Sie zu einfühlsam oder zu nett sind, sind Sie nur ein Lamm für den Wolf. Zeigen Sie viel mehr Offenheit und Direktheit, damit der Manipulator weiß, dass Sie sein Spiel nicht mitspielen. Zeigen Sie sich aggressiv mit Ihrer Präventionstechnik und verwenden Sie die gleichen Mittel, die der Manipulator einsetzt.

6. Lügen ohne Schuldgefühle:

Wie wir bereits gesagt haben, ist das Lügen eine der Haupteigenschaften des Manipulators. Er wird kein Problem damit haben, dies zu tun, um Sie dazu zu bringen, ihm weiterhin zu geben, was er will. Wenn Sie die gleichen Karten ausspielen, d. h. wenn Sie aufhören, so sauber und moralisch zu sein, kann sich das zu Ihren Gunsten auswirken. Die Lüge kann als Schutzschild benutzt werden, als Waffe, um sich gegen die Lügen zu verteidigen, die der Manipulator Ihnen erzählt. Wenn der Manipulator Ihnen unterstellt oder herausfindet, dass Sie ihn angelogen haben, dann leugnen Sie es, das wird Sie fassungslos machen.

7. Ihre Handlungen übertreiben:

Eine der häufigsten Waffen, die der Manipulator einsetzt, ist die Übertreibung seiner Leistungen. Er kann sagen, dass er der beste Schüler in seiner Klasse war, obwohl er in Wirklichkeit nur mittelmäßige Noten hatte. Sie können sagen, dass Sie in mehreren Ländern der Welt gewesen sind, obwohl Sie noch nie einen Fuß außerhalb Ihrer Heimatstadt gesetzt haben. Sie müssen noch viel mehr übertreiben und mit dem Manipulator konkurrieren, um ihn aus dem Konzept zu bringen. Es gibt nichts, was diese Persönlichkeiten mehr hassen, als ein Opfer zu haben, das versucht, größenwahnsinniger zu sein als sie selbst.

8. Defekte des Manipulators erkennen:

Das Gegenstück zur Schmeichelei ist die Kritik. Wenn Sie anfangen, sich auf die Fehler und Irrtümer der anderen Person, d. h. Ihres potenziellen Manipulators, zu konzentrieren, hat er keine Möglichkeit, sich zu verteidigen, weil

Sie eine seiner größten Schwächen aufdecken: die Zerbrechlichkeit seines Egos. Indem Sie den Manipulator kritisieren und seine Fehler sehen, stellen Sie sich selbst über ihn und machen sich dadurch mächtiger. Das wird ihn dazu bringen, zweimal über Sie nachzudenken, und er wird seine Versuche, Sie zu manipulieren, reduzieren oder Sie vielleicht sogar noch eine Stufe höher bringen. Auf jeden Fall dürfen Sie dem Druck, den der Manipulator ausübt, nicht nachgeben.

9. Sagen Sie, was der Manipulator hören will:

"Du bist ein wunderbarer und sehr intelligenter Mensch." Diese Art von Komplimenten und Lobeshymnen sind das, was der Verstand des Manipulators von Ihnen hören will. Wenn Sie diesen Köder auslegen, um den Manipulator zu ködern, haben Sie einen strategischen Vorteil. Er wird denken, dass Sie in seine Falle der oberflächlichen Reize getappt sind. Wenn Sie also dasselbe Spiel wie der Manipulator spielen, werden Sie ihn garantiert davon überzeugen, dass Sie in seine Falle getappt sind, obwohl die Realität eine ganz andere ist. Je mehr Sie das Ego des Manipulators stärken, indem Sie ihm hochtrabende Adjektive nennen, desto mehr wird er glauben, dass Sie in seine Falle tappen.

10. Den Wünschen des Manipulators zuhören:

Wenn Sie bereit sind, dem Manipulator und seinen Wünschen zuzuhören, können Sie herausfinden, was er oder sie denkt und was er oder sie von Ihnen will. Im Allgemeinen verraten sich diese Personen oft selbst, indem sie sagen oder gestehen, was sie von Ihnen wollen, ohne es Ihnen ausdrücklich zu sagen. Wenn Sie ihnen zum Beispiel sagen, dass es Ihr Traum ist, etwas zu haben, was Sie haben oder was Sie erlebt haben, dann können Sie allmählich erkennen, was für eine Agenda dieser Geist für Sie hat. Wenn Sie dies nach und nach mit dem Manipulator tun, indem Sie sich seine Wünsche anhören, werden Sie beginnen, das treibende Motiv hinter seinem Interesse an Ihnen wirklich zu enthüllen.

Eine zusätzliche Technik:

11. Bringen Sie den Manipulator in Ihren Machtbereich:

Eine der wirksamsten Kontroll-Taktiken besteht darin, Sie aus Ihrem Machtbereich zu entfernen. Wenn Sie an einen Ort gebracht werden, an dem sich der Manipulator mit Ihnen wohlfühlt, haben Sie die ganze Kontrolle und werden mächtiger. Wenn Sie andererseits dem Manipulator sagen, dass Sie an einem Familien- oder Geschäftsessen an dem von ihm festgelegten Ort nicht teilnehmen können, und es an einen Ort verlegen, den Sie gut kennen, an dem Menschen sind, die Ihnen nahestehen, die wissen, wer Sie sind und die Sie kennen, dann haben Sie dem Manipulator erfolgreich die Waffe aus der Hand genommen. Sie werden sich unsicher fühlen. Höchstwahrscheinlich werden Sie eine Entschuldigung dafür haben, dass Sie nicht aus Ihrer Kontrollzone in den Machtbereich des Manipulators eindringen können.

3.2 Wie erkenne ich, dass ich ein Opfer von geistiger Manipulation bin?

Manipulatoren gehen oft sehr subtil vor, um die Gedanken ihrer Opfer zu kontrollieren. Da sie immer mehr Menschen manipulieren, perfektionieren diese emotionalen und psychologischen Raubtiere ihre Techniken für den künftigen Einsatz gegen ihre potenzielle Beute. Sie fragen sich vielleicht: Woran erkenne ich, dass ich Opfer eines psychischen Manipulators bin?

1. Sie sprechen mehr über sich selbst als über Ihren Gesprächspartner:

Das Opfer dazu zu bringen, mehr über sich selbst zu erzählen, ist eine der Hauptstrategien des Manipulators, um mehr über ihre Wünsche, Bedürfnisse, Unsicherheiten und Illusionen zu erfahren. Dies ist oft ein sehr subtiles Spiel, da der Manipulator weiß, was er tun muss, um die Kontrolle zu übernehmen. Das Opfer lässt sich leicht verführen, wenn es über sich selbst spricht, aber was den Manipulator wirklich interessiert, ist zu hören, was seine Beute über sich selbst zu erzählen hat. Wenn Sie sich zu zerbrechlich und zu offen fühlen, um Ihrem potenziellen Manipulator Ihre Vorlieben, Wünsche, Geheimnisse, Frustrationen und Hoffnungen mitzuteilen, könnten Sie glauben, dass sich endlich jemand auf desinteressierte Weise für Sie interessiert. "Sag mir alles, was du willst", sagt der Manipulator vielleicht. Aber in Wirklichkeit nimmt er alles, was Sie sagen, zur Kenntnis und verwendet es dann gegen Sie. Wenn Sie sich also dabei ertappen, dass Sie mit jemandem, der als potenzieller Manipulator identifiziert werden kann, mehr über Ihr Leben reden, als Sie sollten, stehen Sie möglicherweise auf der Beutetierliste des Räubers.

2. Er leistet sehr oft und uneigennützig Dienste:

Oft ist es gar nicht so einfach, echte und authentische Hilfe zu bekommen. Der Manipulator ist sich dessen wohl bewusst. Wenn jemand sie um Hilfe bittet, wissen sie, dass sie bereits einen großen Vorteil gegenüber Ihnen haben. Anderen zu helfen ist zwar Teil der biologischen Empathie und des Mitgefühls, an die wir uns angepasst haben, um in der Evolution zu überleben, aber für den Manipulator ist dies die ideale Gelegenheit, durch seine "selbstlose Hilfe" eine emotionale Geisel zu gewinnen. " Brauchst du Geld? Keine Sorge, ich werde dir helfen." "Warum hast du mir nicht gesagt, dass du es brauchst?" " Dafür sind Freunde doch da! «Dies mögen übliche Höflichkeitsformeln für wirklich einfühlsame und ehrliche Menschen sein, aber wenn Sie bemerken, dass jemand immer bereit ist, ohne jegliche Gegenleistung zu helfen, dann seien Sie vorsichtig, denn Sie könnten das Opfer eines Manipulators sein.

3.Er droht Ihnen oder warnt Sie vor den Konsequenzen, wenn Sie nicht tun, was er will

Soziale Bestrafung ist ein wirksames Mittel, um jemanden zu kontrollieren, wenn er die Regeln bricht und andere beeinträchtigt. Aber wenn jemand beschließt, eine eigene Entscheidung zu treffen, und jemand anderes ihm droht oder ihn warnt, "es sich zweimal zu überlegen, bevor er es tut", ist er mit ziemlicher Sicherheit das Opfer eines Manipulators. Diese dunklen Persönlichkeiten wollen, dass Sie die Kontrolle über sich selbst verlieren und sie an sie abgeben. Aus diesem Grund kommt es häufig vor, dass sie damit drohen, Ihnen ein gemeinsames Geheimnis zu verraten, das Sie bereits ausgeplaudert haben, oder weil Sie eine Entscheidung getroffen haben, sich von dem Manipulator zu lösen.

4.Sie sind zwanghafte Kontrolleure:

Diese manipulativen Persönlichkeiten sind oft besonders kontrollierend. Sie wollen alles über Sie wissen. Zeit,

Ort, Personen, die Sie begleiten, Geld, das Sie bei sich tragen und ausgeben wollen, Reiserouten, usw. Sie erwecken oft den Eindruck, Geheimdienstler zu sein, da sie alles, was Sie tun, im Auge behalten: von der Flugroute, die Sie genommen haben, bis zu den Öffnungszeiten des Hotelrestaurants, das Sie gebucht haben, usw. Oft überwachen sie auch die Handys oder Computer der anderen. Sie wollen über Ihre Freunde Bescheid wissen und ihnen ihre Meinung sagen, denn sie wollen nicht, dass Sie die Kontrolle über sich selbst verlieren. Wenn Sie eines dieser Verhaltensweisen bei Ihnen nahestehenden Personen festgestellt haben, ist die Wahrscheinlichkeit groß, dass Sie es mit einem zwanghaften Manipulator zu tun haben.

5.Sie benutzen Kritik, um Sie zu erniedrigen und Ihr Selbstwertgefühl zu zerstören.

Kritik zu üben ist eine der häufigsten Arten, sich in einem sozialen Umfeld zu verletzen. Dies kann ein normales Verhalten sein, um das Eis in einer Gruppe zu brechen, in die man integriert ist. Für Manipulatoren ist das Kritisieren und Erniedrigen jedoch eine Meister-Strategie der Kontrolle. "Diese Kleidung steht dir nicht", "du siehst hässlich aus", "du bist fett", "du bist nicht gut genug für diesen Job", "ich weiß nicht, warum du mir aufgefallen bist", usw. Durch diese Strategie der ständigen Kritik und Demütigung untergräbt der Manipulator das Selbstwertgefühl seines Opfers, nur um es dann wieder zu umschmeicheln und die Unterwerfung und Loyalität gegenüber seiner räuberischen Taktik zu belohnen. Es ist also wichtig, diese rote Fahne der Demütigung und Beschämung im Auge zu behalten, um zu erkennen, ob man einem Manipulator zum Opfer fällt.

6.Sie machen immer falsche Versprechungen:

Die Aufrechterhaltung der Illusion ist eine der größten Schwächen der Opfer von Manipulatoren. Die Strategie, ihre Opfer in einem ständigen Zustand der Hoffnung zu halten, macht diese Räuber stark und selbstbewusst, da sie wissen, dass sie ständig ihrer Strategie der falschen Versprechungen unterworfen sind: "Verzeih mir... und ich verspreche dir, dass wir diese Reise machen werden", "Ich kaufe dir den Ring, den du so sehr magst, wenn du mir gefällst", "wenn du das für mich tust, gebe ich dir mein Wort, in das Restaurant zu gehen, das du so sehr magst", "wenn du mir dabei hilfst, kann ich dich befördern oder dir eine Gehaltserhöhung vermitteln" usw. Diese Formeln halten die Flamme der Hoffnung und der Illusion in den Opfern der Manipulatoren am Leben, ohne natürlich jemals erfüllt zu werden, da sie nur Teil des Spiels sind, mit dem sie ihre Opfer wie Marionetten hin und her bewegen.

7.Sie bringen ihr Opfer dazu, unüberlegte Entscheidungen zu treffen:

Oft tun die Opfer von Manipulatoren Dinge, die sie nie zuvorgetan haben, nur um ihnen zu gefallen. Die Strategien und Techniken der Manipulatoren sind oft so effektiv, dass ihre Opfer sogar so weit gehen, Dinge zu verkaufen, Kredite aufzunehmen, Überstunden zu machen, lange und teure Reisen zu unternehmen oder sogar zu stehlen oder kriminelle Handlungen zu begehen, um die Manipulatoren zufriedenzustellen. Wenn Sie einmal darüber nachgedacht haben, was Sie dazu veranlasst hat, etwas zu tun, was Sie normalerweise nicht tun würden, selbst in der schlimmsten Situation, dann sind Sie vielleicht das Opfer eines Manipulators.

3.3 Wie man gegen geistige Manipulation vorgehen kann

Wie wir bereits gesehen haben, ist die geistige Manipulation oft sehr subtil, aber äußerst wirksam. Wenn wir einmal erkannt haben, dass wir von Manipulatoren ausgenutzt werden, ist es möglich, uns gegen den Missbrauch dieser dunklen Persönlichkeiten zu wehren. Indem wir uns unserer Rolle als Opfer bewusstwerden und uns darüber im Klaren sind, dass der Täter, d. h. der Manipulator, unsere Empathie und unseren guten Willen ausgenutzt hat, können wir Entscheidungen treffen, um ihrem komplexen Netz aus Lügen, Täuschungen, Tricks, Fallenstellen, Demütigungen und anderen Strategien zur Kontrolle unseres Geistes und unserer Gefühle zu entkommen.

1. Grenzen setzen:

Wenn Sie vor einer Beziehung eine Person waren, die niemandem erlaubt hat, etwas für Sie zu entscheiden, dann ist es an der Zeit, diese Haltung wieder einzunehmen. Der Manipulator mag es nicht, wenn ihm Grenzen gesetzt werden, denn er ist derjenige, der die Grenzen für sein Opfer setzt. Diese Haltung, der Beziehung, die Sie mit dem Manipulator aufgebaut haben, Grenzen zu setzen, ist also nicht gut für den Manipulator. Er kann Ihnen zwar drohen, Sie vor Repressalien warnen und Sie auf Eis legen, indem er Ihnen tage-, wochen- oder sogar monatelang gleichgültig gegenübersteht, aber die Begrenzung des Missbrauchs ist eine der wirksamsten Methoden, um Ihr Leben wieder in den Griff zu bekommen.

2. Abstand nehmen

Abstand zu halten ist eine der wichtigsten Selbstschutzmaßnahmen, die Sie ergreifen können, um den Missbrauch durch den Manipulator zu verhindern. Sobald Sie beschlossen haben, sich zu distanzieren, müssen Sie, selbst wenn der Manipulator Sie anruft oder Sie aufsucht, unbeirrt an Ihrer Entscheidung festhalten, die Kontrolle über Ihr Leben und Ihren Seelenfrieden zurückzugewinnen. Es gibt eine narrensichere Strategie, um nicht wieder in die Fänge des Manipulators zu geraten: Sagen Sie "Nein". Vielleicht gehören Sie nicht zu den Menschen, die den Charakter haben, "Nein" zu sagen, weil Sie das Gefühl haben, dass Sie zu schroff oder unhöflich sind. Aber Sie müssen es tun. Das wird Ihnen die Kraft und die Entschlossenheit geben, alle Verbindungen mit dem Manipulator zu kappen.

3. Sich bewusst machen, dass man es mit einem Manipulator zu tun hat:

Wenn Sie diesen Punkt erreicht haben, d. h. wenn Sie gelernt haben, wie Manipulatoren denken und handeln, dann werden Sie sicherlich in der Lage sein zu erkennen, ob diese Person ein Manipulator ist oder manipulative Züge hat. Dies ist wichtig, um die Entscheidung zu treffen, die toxische Beziehung, die Sie in der Vergangenheit mit dieser Person aufgebaut haben, endgültig zu beenden. Der Manipulator verbirgt hinter seiner Maske der Überlegenheit und des Hochmuts ein schwaches Ego und ein sehr geringes Selbstwertgefühl. Es ist wichtig, diesen Kompensationsmechanismus zu verstehen, damit Sie Ihr Selbstwertgefühl und Ihre Selbstachtung zurückgewinnen können. Das bedeutet nicht, dass Sie den Manipulator bemitleiden und sich ihm hingeben müssen, damit er Ihnen hilft: Sie haben das Recht zu entscheiden, was Sie mit Ihrem Leben anfangen wollen und was nicht. Niemand hat das Recht, Ihr Leben zu kontrollieren, ganz gleich, aus welchem Grund Sie versuchen, dieses Verhalten zu rechtfertigen.

4. Gewinnen Sie Ihre Autonomie zurück:

Die meisten Menschen, die Opfer von Manipulatoren sind, haben sich daran gewöhnt, von diesen dunklen Persönlichkeiten manipuliert, gedemütigt, missbraucht, manipuliert und kontrolliert zu werden. Diese Unterwerfung aufgrund von Missbrauch ist ein üblicher Mechanismus des unterwürfigen Geistes. Unter keinen Umständen sollten Sie all diese Macht an jemanden abgeben. Das heißt: Sie allein sind für die Entscheidungen, die Sie in Ihrem Leben treffen, verantwortlich, ob sie nun falsch sind oder nicht. Der Manipulator wird Ihnen sagen, dass er Ihnen hilft, indem er das Leben anderer Menschen nach seinem Gutdünken lenkt. Sie müssen diese Abhängigkeit davon durchbrechen, den Manipulator um Erlaubnis zu bitten, das zu tun oder zu lassen, was Sie denken und wollen. Der Manipulator liebt oder kümmert sich nur insoweit um das Opfer, als das Opfer ihm alle Macht über seinen Willen, seine Ideen und sein Leben gibt.

5. Den Manipulator verbannen:

Die Kultur der Annullierung derjenigen, die Unrecht getan haben, kann auf Ihren Manipulator angewendet werden. Ignorieren Sie sie und streichen Sie sie von der Liste der wünschenswerten Menschen in Ihrem Leben und setzen Sie sie auf die Liste der "non grata", was Sie sofort tun sollten, wenn Sie festgestellt haben, dass Sie von einem manipulativen Geist manipuliert werden. Der erste Schritt besteht darin, grobe Manipulationsversuche wie Schmeicheleien, Komplimente, Komplimente, Komplimente und andere Arten, die Aufmerksamkeit des Manipulators zu erlangen, zu ignorieren. Wenn der Manipulator Ihnen schreibt, können Sie ihn ignorieren, blockieren oder die Nachricht so lange auf einer Warteliste stehen lassen, wie Sie es für nötig halten. Am besten tun Sie dies entweder direkt oder indirekt. Das bedeutet, dass Sie direkt auf die Nachricht antworten können, wenn der Manipulator versucht, Ihnen zu schmeicheln oder Ihre Unterwerfung zu gewinnen, mit "Ich möchte nicht, dass Sie mir weiter schreiben, bitte"; indirekt hingegen ist viel subtiler, kann aber den Manipulator weiterhin glauben lassen, dass er Macht über Sie hat, was der Fall ist, wenn Sie die Nachricht in der Warteschleife lassen oder mit "ok" oder "ok" antworten, sind Sie nicht unverblümt und direkt genug und können dazu führen, dass der Manipulator Sie weiter belästigt.

6. Den Manipulator öffentlich anprangern:

Ein weiterer Mechanismus, der bei manipulativen Persönlichkeiten wirksam sein kann, besteht darin, sie in den sozialen Medien oder im Internet bloßzustellen. Für Narzissten und Psychopathen mit einem ausgeprägten Selbstwertgefühl ist dies die Hölle auf Erden. Das kann sie dazu verleiten, weiter nach Ihnen zu suchen, um Sie zu ihrem Opfer zu machen. Sie müssen also die Entscheidung treffen, dies zu tun, ohne darüber nachzudenken, was der Manipulator denken wird, wenn Sie aufdecken, was für eine Art von Menschen dieser Räuber ist. Hier sind einige grundlegende Schritte, um Ihre toxische Bindung an den Manipulator zu durchbrechen.

3.4 Anzeichen verbaler Manipulation

Wie wir gesehen haben, beeinflusst und verändert laut NLP die Art und Weise, wie wir verbal kommunizieren, die Gehirne anderer. Als Kinder werden wir von Befehlen und Regeln beherrscht, wie z. B. "nicht auf dem Rasen laufen", "hier nicht rauchen", "hier keinen Müll wegwerfen", "leise sein", "nicht rechts abbiegen", usw. Die verbale Sprache bestimmt weitgehend die Art und Weise, wie unser Gehirn die Welt gestaltet. So wie unser Gehirn je nach Muttersprache beginnt, eine kulturell bedingte Vision und Persönlichkeit zu definieren, wissen die Persönlichkeiten und Manipulatoren der dunklen Triade die Macht der verbalen Sprache zu ihrem Vorteil zu nutzen, um ihre Opfer zu kontrollieren.

Die Wahl der richtigen Worte, um die gewünschte Wirkung auf andere zu erzielen, ist eine der Hauptstärken dieser Art von Raubtieren. Wir haben bereits gesehen, wie in Bereichen wie der Politik und der Unterhaltung die Überzeugungsarbeit mit Hilfe der verbalen Sprache verblüffende Wirkungen erzielt, die sogar eine ganze Gesellschaft völlig verändern können.

Manipulatoren sind nicht naiv, wenn es darum geht, das Verb zu benutzen, um ihre Ziele zu erreichen. Sie neigen dazu, viel zu üben und Fehler zu korrigieren, um dies zu erreichen. Für das Gehirn ist ein flüssiger Sprachgebrauch in einem Gespräch, einer Debatte, einem Vortrag oder einer Konferenz entscheidend für die Glaubwürdigkeit. Je mehr Worte pro Minute gesprochen werden, desto eher wird der Eindruck erweckt, dass der Redner sich mit dem Thema auskennt, ein Experte ist und es beherrscht, so dass er keine Bedenken hat, alles zu glauben, was er sagt.

Die Überzeugungsarbeit in der Sprache ist oft subtil, aber wirkungsvoll. Die Verwendung von Nuancen im Gespräch durch Worte kann viel weniger aggressiv und direkt sein als der Versuch, durch andere Worte zu überzeugen. Wenn jemand z. B. die Worte "Entschuldigung", "Entschuldigung", "Entschuldigung", "Danke" usw. verwendet, hat er eine viel bessere Chance, andere dazu zu bringen, ihm zuzuhören und ihn freundlich zu behandeln, wenn er weniger höflich ist, was die Sprache betrifft.

Kinder verwenden das Verb oft sehr scharfsinnig, vor allem wenn sie Erwachsenen Fragen stellen wie: "Warum ist der Himmel blau", "Warum fällt der Mond nicht herunter", "Warum hat mein Großvater weiße Haare?

Für unser Gehirn haben Wörter wie "warum" eine ungeahnte Macht, da sie uns in die Enge treiben, um uns durch Sprache zu rechtfertigen. In den frühen Stadien der Neuroentwicklung eines Kindes, etwa im Alter von fünf bis sechs Jahren, tauchen diese Art von drängenden, durchdringenden Fragen erstmals auf. Die Gehirnhälften beginnen, neuronale Verbindungen zu knüpfen, weshalb Kinder alles wissen wollen, Tiere sezieren, Spielzeug öffnen, Löcher untersuchen, Ungeziefer ausgraben und genau beobachten: Auf diese Weise versuchen sie, Phänomene zu erklären, und verbalisieren diese Neugier durch das "Warum", indem sie auf so erschöpfende Weise nach Antworten suchen.

Große Manipulatoren, zu denen auch viele erfolgreiche Marketing- und Verkaufsfachleute gehören, sind oft geschickt im Umgang mit der Sprache. Fast jeder von uns ist schon einmal diesen Manipulationen Experten mit dem Verb zum Opfer gefallen.

-Herrir, einen Moment", sagt ein elegant gekleideter Mann in einem Einkaufszentrum zu einem Mann, der sein Kind an der Hand hält und mit Einkaufstüten umherwuselt, "machen Sie sich Sorgen um die finanzielle Zukunft Ihrer Kinder?

"Ja, natürlich", antwortet der Familienvater überwältigt, ohne viel zu erwidern, denn er ist offensichtlich überrumpelt worden.

"Offensichtlich sind Sie ein vorbildlicher Vater", antwortet der elegante Mann geschickt, "das hier wird sicher perfekt für die Zukunft Ihrer Familie sein."

Der Verkäufer verwendet Schlüsselwörter, um die Aufmerksamkeit seines potenziellen Kunden zu gewinnen: "erlauben Sie mir", was die Abwehrkräfte des Gesprächspartners durchbricht; "Zukunft" und "Kinder", die direkt an die Emotionalität und an das appellieren, was ihm am wichtigsten ist und worum er sich jeden Tag sorgt, um Brot auf den Tisch zu bringen: seine Familie. Der letzte Schachzug, die Formel "die Zukunft Ihrer Familie" zu verwenden, stößt schließlich auf den Widerstand des Familienvaters, der zu überwältigt ist, um einem weiteren Verkäufer seine Aufmerksamkeit zu schenken.

In gleicher Weise wird der Manipulator das Verb verwenden, um den möglichen Widerstand seines Opfers zu brechen. Es ist ein klassisches Kompliment, das so mancher Liebhaber benutzt, um die Aufmerksamkeit der sinnlichen und schönen Frau auf sich zu lenken: "Du bist die schönste Frau der Welt".

Auch wenn es offensichtlich ist, dass es sich dabei um eine der gröbsten Anmachsprüche handelt, ist es nicht verwunderlich, dass er auch heute noch die Aufmerksamkeit einer Frau auf einen gewöhnlichen Mann lenken kann, dem sie sonst keine Beachtung geschenkt hätte.

Die Strategie, die Vorstellungskraft des Opfers zu nutzen, führt dazu, dass das Opfer dem Manipulator nachgibt. Die hypothetische Projektion ist eine solche Technik. "Stell dir vor, wenn" ist eine der wichtigsten verbalen Konditionierungen, die von Manipulatoren verwendet werden, neben einer ganzen Reihe von Formeln, um das Gehirn dazu zu bringen, den Köder zu schlucken, der ihm ausgelegt wurde.

"Stellen Sie sich vor, Sie treffen einen einzigartigen Mann, der Sie wie eine Prinzessin in einer Traumvilla leben lässt, wo Sie an einem heißen Sommertag keinen Finger rühren müssen, um ein Glas Limonade zu bekommen ..." Nun, hier ist "dieser Mann", so könnte der hypothetische Dialog eines Manipulators lauten, der zwar absurd erscheint, aber große Macht hat, weil Worte Ankerpunkte im Geist schaffen. Obwohl die Stärken eines Manipulators so breit gefächert sind wie seine Geschicklichkeit, wiederholen sich bestimmte Formulierungen in ihrer Struktur aufgrund der grundlosen Schmeichelei und der narzisstischen Aufmerksamkeit Technik; sie lauten in etwa wie folgt:

- Sie sind ein faszinierender Mensch

- Sie spiegeln Eleganz wider

- Sie haben einen tollen Kleidungsstil

- Hat man Ihnen schon immer gesagt, dass Sie ein charmantes Lächeln haben?

- Warum verblüffst du mich immer wieder mit deiner Schönheit?

3.5 Belohnung Methoden

Belohnung ist ein weit verbreitetes Mittel, um auf Umwegen das zu bekommen, was man von anderen will. Fast alle von uns sind Opfer solcher Techniken geworden, oft ohne es zu merken. Es ist eine soziale Konditionierung, etwas als Gegenleistung für etwas zu bekommen. Ein Beispiel dafür, wie selbst die Regierung uns durch Belohnung Techniken manipuliert, ist die Einladung an die Wähler, an einem kalten Sonntagmorgen am Wahltag früh zur Wahl zu gehen. Es ist klar: Niemand möchte aus seinem warmen Bett aufstehen, um in einer langen Schlange zu stehen und seine Stimme in der Wahlurne abzugeben. "Was habe ich davon?", mag mancher einwenden, dem es natürlich an demokratischem Geist mangelt. Doch die Regierungen haben ein Ass im Ärmel. In einigen Ländern gibt es für die Stimmabgabe Steuererleichterungen, eine Ermäßigung der Studiengebühren oder sogar einen halben Tag Arbeit gratis. Natürlich sollten Sie für den Kandidaten Ihrer Wahl stimmen, auch wenn es ein leerer Stimmzettel ist, aber tun Sie es.

Dies ist eine Überzeugungsstrategie, die sich der Belohnung Technik bedient, die im Geschäftsleben und in zwischenmenschlichen Beziehungen üblich ist. Während der Schulzeit hatten viele Eltern mit dem rebellischen Geist ihrer Kinder zu tun, die nicht lernen wollten.

"Du bist schlecht in deinen Noten", sagt der verärgerte Vater und sieht sich das Zeugnis an. Von nun an kein Internet mehr nach acht Uhr; auch keine Videospielkonsole mehr, die jetzt weggesperrt wird, bis du besser lernst, verstanden?

Diese Strategie, die auf Zwang und Auferlegung beruht, ist unelegant. Der Lernende wird nicht ermutigt, etwas zu tun, um sich zu verbessern, weil er oder sie buchstäblich gezwungen wird. Realistischerweise ist dies keine Technik, die Früchte tragen wird.

"Es läuft nicht gut mit den Noten", überlegt der Vater einen Moment, während er mit der Spitze seines Bleistifts das Schulzeugnis genau betrachtet, "Machen wir einen Deal: Wenn du in den nächsten Jahren bessere Noten hast, kaufe ich dir die Konsole, die du dir so sehr wünschst. Machen wir einen Deal: Wenn du im nächsten Jahr bessere Noten hast, kaufe ich dir die Konsole, die du dir so sehr wünschst; und wenn du am Ende des Schuljahres gute Noten hast, kaufe ich dir den Computer, den du dir so sehr wünschst. Was hältst du von diesem Deal?

Diese Strategie hat eine viel attraktive Belohnung Technik für den Lernenden. Er wird für seine Bemühungen mit etwas belohnt, das er sich wirklich wünscht. Anders als bei der ersten Strategie, die allein durch die Gnade der elterlichen Autorität erzwungen, erzwungen und erzwungen wird. Für das Gehirn ist das Muster Anstrengung Belohnung viel besser als Anstrengung Zwang.

Auf die gleiche Weise gehen Manipulatoren mit ihren Opfern um. Sie bieten ihnen ihre ganze Aufmerksamkeit, ihre Ressourcen und ihre Gesellschaft an, wenn das Opfer tut, was der Manipulator will. Geschenke, Reisen, Schmuck, Kleidung, Ausflüge, Autos, Aufmerksamkeit, teure Abendessen in guten Restaurants usw. Die einzige Bedingung ist, dass sie sich von seinen Belohnung Techniken, die er auf den Tisch legt, überreden lassen.

Mit Hilfe der Pawlowschen Methode, die besagt, dass der Hund jedes Mal, wenn eine Glühbirne eingeschaltet wird, speichelt, weil er weiß, dass er Futter bekommt, bietet der Manipulator dem Opfer an, etwas zu tun, um ihm als Belohnung das zu geben, was sein machiavellistischer Verstand für den idealen Preis für seine Beute hält. "Sei gut zu mir, und du wirst sehen, dass ich dich verwöhnen werde", denken sie. "Andernfalls werde ich dich bestrafen".

Zeugnis einer Belohnung Technik durch einen manipulativen Chef

Jenny ist ein Mädchen, das in einem 24-Stunden-Supermarkt arbeitet. Sie war die einzige Verkäuferin. Das bedeutete, dass sie die Arbeit mehrerer Angestellter übernehmen musste: den Laden putzen, die Waren organisieren, die vergriffenen Produkte einlagern, das Geld kassieren, darauf achten, dass nichts gestohlen wurde, und so weiter. Sie war seit etwas mehr als zwei Jahren in ihrem Job. Obwohl ihr Chef, John, anfangs versprach, ihr Gehalt zu erhöhen und ihr einen besseren Arbeitsplatz zu geben, musste Jenny mit ansehen, wie mehrere Kollegen übergangen wurden, die von Johns schlechter Behandlung gelangweilt waren.

-John hat sie immer Überstunden machen lassen", sagt Jenny etwas resigniert. Aber weil er ihnen versprach, ihnen eine Arbeitserlaubnis zu geben, wenn sie in der Werkstatt

Überstunden machten, protestierte kaum einer von ihnen. Am Ende wurden sie müde und kamen nicht mehr zurück.

In der letzten Weihnachtszeit bot John mir angesichts der Tatsache, dass niemand im Supermarkt arbeiten wollte, mir für das Jahresende Urlaub zu geben, wenn ich doppelt so viel arbeiten würde, d. h. wenn ich früh käme und bis Mitternacht bliebe. Meine Vertretung war eine Cousine seiner Frau, die einzige Person, die er dazu bringen konnte, dort zu arbeiten, natürlich praktisch umsonst, denn das Mädchen aß und trank alle möglichen Leckereien, während sie arbeitete, und hatte außerdem kostenloses Internet.

Ich habe den ganzen Dezember hindurch hart gearbeitet. Als es an der Zeit war, dass John sein Versprechen einlöste, d. h. mir eine Woche Urlaub gab, damit ich das neue Jahr mit meiner Familie verbringen konnte, sagte er zu mir:

"Jenny, vielen Dank für deine Arbeit", lächelte er und war seltsamerweise, da er immer einen bitteren Gesichtsausdruck hatte, sehr freundlich zu mir, "Er hat mir ein Paket mit Sachen aus dem Laden überreicht." Ich weiß, dass ich dir die Ferien versprochen habe, aber ich möchte wissen, ob du mir bis zum neuen Jahr helfen kannst, und ich garantiere dir, dass du im Januar für zwei Wochen wegfahren kannst. Was sagst du, hilfst du mir?

Ich wusste, dass er sein Wort nicht halten würde, dass ich das ganze neue Jahr über arbeiten würde und dass ich auch im Januar, Februar und im Rest des Jahres weiterarbeiten würde, ohne dass ich als Belohnung für meine Anstrengungen Urlaub bekommen würde. Ich sagte ihm, dass er mich für all die Tage bezahlen müsse, die ich bis dahin für ihn gearbeitet hatte. Er ging zum Safe, holte das Geld heraus

und reichte es mir. Er machte ein Gesicht wie ein geschlach-
tetes Lamm und bat mich, ihm zu helfen. Ich schüttelte ihm
die Hand und verließ den Supermarkt, um nie wiederzukom-
men.

KAPITEL 4: PERSUASION

4.1 NLP UND PERSUASION

Wie wir oben gesehen haben, wird das NLP-Modell der Kommunikation durch eine Reihe von Reaktionen bestimmt, die sich aus dem Verhalten einer Person ergeben. Diese kognitive Reaktion bewirkt, dass das äußere Verhalten einer Person eine verkettete innere Reaktion hervorruft, die sich wiederum in Form eines äußeren Verhaltens manifestiert und wiederum eine innere Reaktion bei der anderen Person hervorruft. Der Zyklus wird im NLP-Kommunikationsmodell folgendermaßen dargestellt

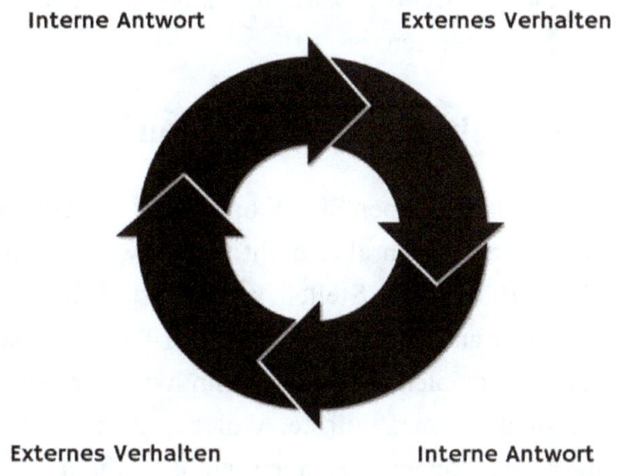

Der Kreislauf der Kommunikation nach NLP

Auch wenn dies zu schematisch erscheinen mag, so hat es doch mit den zyklischen Prozessen zu tun, die innerhalb des von John Grinder und Richard Bandler begründeten

NLP-Kommunikation Kreises ablaufen und sich in der Praxis in drei Säulen des Kommunikationsprozesses zusammenfassen lassen:

1.   Wissen, was man will

2.   Wissen, wie man Antworten erhält

3.   Seien Sie flexibel im Verhalten, um das zu bekommen, was Sie wollen.

Dieses grundlegende und zugleich komplexe NLP-Kommunikationssystem wird von Manipulatoren und Persönlichkeiten der dunklen Triade eingesetzt, um von ihren Opfern zu bekommen, was sie wollen. Im Folgenden werden wir in die Kenntnis und Anwendung dieser NLP-Strategien eintauchen, um die Wünsche des Manipulators zu kennen und ihnen entgegenzuwirken.

4.2 Was sind Überzeugungen?

Wahrscheinlich haben Sie schon einmal von Glaubenssystemen gehört, wissen aber nicht genau, was sich hinter diesem Begriff verbirgt. Stellen wir uns zunächst einmal eine leere Leinwand vor, die wir mit einer Palette verschiedener Farben bemalen werden. Wenn wir zum Beispiel schwarze, dunkelblaue, tiefrote, violette, gelbe und smaragdgrüne Linien ziehen, beginnen wir, eine Figur oder ein Bild des gewünschten Bildes zu zeichnen.

Auch in unserem Leben, während des Lernens in der Schule, an der Universität, am Arbeitsplatz, in der Familie, in der Nachbarschaft und in der Gesellschaft im Allgemeinen führen unsere Kultur, unser Glaube und unsere Gewohnheiten dazu, dass wir bestimmte Ideen auswählen und zulassen, dass sie Teil unseres Verhaltens Rahmens werden.

So wie ein Maler nicht alle Farben verwenden kann, die es gibt, sondern die Farben danach auswählen muss, was er in seinem Gemälde zum Ausdruck bringen will, so entscheiden sich die Menschen dafür, sich so zu verhalten, wie es ihnen als prinzipiell gut oder schlecht in den Sinn gekommen ist. Diese Überzeugungen bestimmen, wie wir unser Leben leben und wie wir Beziehungen zu anderen Menschen eingehen. Können Sie bitte die folgenden Fragen so offen wie möglich beantworten?

- Glauben Sie an Gott?

- "Halten Sie das Heimatland für eine wichtige Idee?"

- Was ist Ihrer Meinung nach der grundlegende Wert eines Menschen?

- Ist es wichtiger, viel Geld zu haben oder gesund zu sein?

Die Antworten, die Sie geben können, sind wahrscheinlich sehr speziell und von Ihrer Kultur, Ihrer Bildung, Ihrem Land, Ihren religiösen Überzeugungen, Ihrem kritischen Denken, Ihren politischen Neigungen usw. bestimmt. Jeder Mensch hat eine andere Konfiguration von Ideen und Überzeugungen.

Ein in unseren Köpfen verankerter Glaube kann unser Leben mehr oder weniger schwierig oder glücklich machen; manche Menschen treiben ihr Glaubenssystem so weit, dass sie ihr Leben riskieren, um es vor anderen zu verteidigen. Die Überzeugung, dass man eine sehr reine Moral hat, führt dazu, dass manche Menschen glauben, dass das, was andere glauben oder denken, von geringem Wert ist. Die Überzeugung, dass die Religion, zu der man sich bekennt, besser ist als die von anderen praktizierte, oder schlimmer noch, dass es Menschen gibt, die sagen, dass sie keine Religion praktizieren, ist einer der Gründe für Auseinandersetzungen und Gewalt in extremen Fällen von religiösem Fanatismus; dies geschieht auch im Falle von Sportvereinen oder politischen Ideologien.

Wenn man als Kind von einem Tier, z. B. einem Hund, angegriffen wurde, kann man mit der Vorstellung aufwachsen, dass alle Hunde aggressiv sind. In ähnlicher Weise kann jemand, der das Pech hatte, die Nacht in einem gefährlichen Viertel zu verbringen und dabei überfallen und verletzt wurde, zu der Überzeugung gelangen, dass alle Menschen in unglamourösen Vierteln gefährlich sind und ihm schaden wollen. Die Macht des Glaubens ist sehr groß und kann das gesamte Leben eines Menschen bestimmen.

4.3 Was sind Verankerungen?

In der Seefahrt ist der Anker ein Hilfsmittel, das den Booten hilft, an einer Stelle zu bleiben, auch wenn die Kraft des Windes und der Wellen sie auf das Meer hinaustreiben versucht. In der Psychologie ist ein Anker ein Reiz, der sich in unserem Gedächtnis festsetzt und als Auslöser für eine positive oder negative Veränderung unseres Geisteszustands dienen kann. Ein positiver Anker kann uns genau den Moment ins Gedächtnis rufen, in dem wir unsere größte Herausforderung im Leben gemeistert haben und siegreich und voller Freude daraus hervorgingen; ein negativer Anker hingegen bringt uns den Moment ins Gedächtnis, in dem wir schwächer, verletzlicher, leidend und schmerzgeplagt waren, was die Erinnerung daran zu einer bitteren Pille macht, die wir vergessen wollen, sobald sie uns in den Sinn kommt.

Der Auslöser für diese Verankerung kann ganz unterschiedlicher Natur sein: ein Bild, eine Farbe, ein Geschmack, ein Geräusch oder eine Musik, ein Geruch, ein Film, usw. Wir sind immer an eine Art Anker gebunden. Für den Gedächtnisprozess des Gehirns ist es unvermeidlich, diese Anker nicht zu verwenden, um Erinnerungen hervorzurufen. Wenn wir unserem Hund pfeifen, dass er rausgehen soll, wedelt er mit dem Schwanz und springt sofort auf, weil er weiß, dass er rausgehen und Spaß haben wird.

Manche Menschen greifen auf bestimmte Arten von Ankern zurück, wie z. B. in einem Moment der Anspannung oder des Stresses zu essen, an den Nägeln zu kauen oder Tee zu trinken. Diese Anker können entfernt werden, um zu vermeiden, in die Falle der Zirkularität zu geraten, die wir im vorherigen Kapitel gesehen haben. Um aus dieser Schleife herauszukommen, wird die NLP mit Hilfe des Aktion-Reaktion-Mechanismus in unserem Geist erzeugt.

Wenn wir uns in einem Zustand intensiver Emotionalität befinden, reagieren wir im Allgemeinen auf eine bestimmte Art und Weise mit Aufregung, Angst, Furcht, Spannung usw. Wenn wir auf eine bestimmte Art und Weise und genau im richtigen Moment stimuliert werden, können die Reaktion und der Stimulus miteinander verbunden werden, wodurch ein mächtiger und positiver Anker entsteht. Diese Anker werden von Manipulatoren und Persönlichkeiten der dunklen Triade benutzt, um zu bekommen, was sie wollen;

wir müssen dieser Technik eine Technik entgegensetzen, bei der wir einen viel nützlicheren und kraftvolleren Anker haben.

Die Übung, die wir machen können, um einen positiven Anker zu schaffen, besteht darin, uns einen Moment ins Gedächtnis zu rufen, der sowohl positiv als auch negativ ist. Wir können jemanden bitten, uns bei dieser Übung zu begleiten. In dem Moment, in dem wir uns daran erinnern, kehren wir in diesen Moment zurück und fühlen uns so, wie wir uns an diesem Tag, zu dieser Zeit und an diesem Ort gefühlt haben. Mit der gleichen Traurigkeit, Freude oder Wut. In diesem Moment sollten wir unseren Begleiter bitten oder es selbst tun, einen Reiz wie Musik, einen Geruch, eine Textur oder ein Bild einzusetzen, das genau dem Wiedererleben dieses Zustands entspricht. Auf diese Weise schaffen wir einen Anker, aber diesmal, anders als beim ersten Mal, auf ganz bewusste Weise; so ist es möglich, eine schlechte Erinnerung mit Hilfe eines guten Ankers und eines Reizes, der stark genug ist, um sie in unser Gedächtnis einzuprägen, umzukehren. Genau das Gleiche tun Manipulatoren und Persönlichkeiten der Dunklen Triade ständig mit ihren Opfern, ohne dass sie es merken.

4.4 Verwendung von Mustern zur Neudefinition von Aufmerksamkeits Schwerpunkten

Es gibt verschiedene NLP-Techniken, um die Aufmerksamkeitsfokus, die wir haben, mit Hilfe von Mustern neu zu definieren. Um uns kurz zu fassen, werden wir die drei wichtigsten Muster analysieren:

1. positive Absicht:

Wie Sie aus dem Titel ersehen können, geht es bei diesem Muster darum, zu wissen, welche positive Absicht jemand uns gegenüber hat. Wir neigen dazu, sehr empfänglich für Kritik zu sein, egal woher sie kommt. In manchen Fällen kritisieren viele Menschen, die wir sehr schätzen, wie z. B. ein Lehrer, ein Freund oder unsere Mutter, alles, was wir sagen, vorschlagen oder einfach nur unsere Meinung dazu äußern. Darüber nachzudenken, was an dem, was wir sagen, falsch ist, ist der Schlüssel; es wird eine große Hilfe bei dem Versuch sein, Menschen mit einem sehr starken kritischen Realitäts Rahmen zu überzeugen, die immer dazu neigen, zu kritisieren und zu sagen, dass das, was wir denken oder sagen, keinen Wert hat: "Das ist eine sehr dumme Idee". "Du irrst dich, so sind die Dinge nicht". "Ich stimme nicht mit dir überein", sind einige der wichtigsten Äußerungen dieser Menschen. Manchmal wird diese Kritik an einer Idee, einem Gedanken oder einer Überzeugung von einem Ad-hominem begleitet, was die Situation noch komplexer macht.

Der Schlüssel liegt darin, die Aussage ins Negative zu wenden. Wenn jemand unserem Vorschlag entgegenhält: "Diese Idee ist dumm und unpraktisch", dann könnten wir vorschlagen, dass er sagt: "Wie kann man diese Idee praktisch und intelligent machen? Dies entwaffnet die Negativität des Kritikers und führt dazu, dass er oder sie die Kritik aus einer konstruktiven und nicht nur destruktiven Perspektive überdenkt.

2. Metaphorische Analogie:

Wenn man es aus einem neuen Blickwinkel betrachtet, verändert sich die grundlose Kritik zu einer positiven Sichtweise, indem man von «Das taugt nichts, oder diese Idee ist völlig überflüssig" zu "Wie kann man es optimieren oder verbessern?" Eine Metapher in der Literatur ist ein Vergleich zwischen zwei Dingen, die von unterschiedlicher Natur sein können, wobei sie gleichgesetzt werden, um den Leser zu erfreuen oder eine ähnliche Idee zu suggerieren. Wenn man z. B. sagt: "Diese Idee ist so kühl wie ein Sommerregen" oder "süß wie ein Dessert, das ein schweres Mahl abmildert", kann das den Kritiker dazu bringen, viel plastischer zu denken und die Dinge aus einer anderen Perspektive zu sehen.

3. Änderung der Ziele:

Angenommen, wir müssen ein Team davon überzeugen, dass unsere Idee die beste ist, aber jemand hat Einwände. Anstatt über die Kritik an sich nachzudenken, können wir die Dinge aus einem anderen Blickwinkel betrachten: Die Idee, mitten im Sommer einen Kaffeeautomaten aufzustellen, ist nicht sehr gut, stattdessen sollten wir einen Automaten für Softdrinks oder Eiscreme aufstellen. Anstatt sich auf das Scheitern der ersten Idee zu konzentrieren, könnte man die Idee umdrehen, indem man zum Beispiel vorschlägt, Kaffee-Eis zu verkaufen, das genauso anregend ist wie ein heißer Kaffee in einem Becher, aber gleichzeitig erfrischend.

Diese Art von Plastizität wird von Manipulatoren ständig auf ihre Opfer angewandt, um sie zu überreden und zu kontrollieren.

4.5 Die Grundsätze von Cialdini

Robert Cialdini hat eine Reihe von Grundsätzen für die Überzeugung und Beeinflussung anderer Menschen vorgeschlagen. Im Folgenden werden wir sehen, worum es bei jedem von ihnen geht und wie wir sie anwenden können, um uns gegen die Angriffe von Manipulatoren, Machiavellisten, Psychopathen und Persönlichkeiten der dunklen Triade zu verteidigen.

Grundsatz der Gegenseitigkeit:

Der Mensch ist immer offen für Geschenke. Wann immer wir das Wort "Ich schenke dir etwas" hören, wird unser Verstand sofort aktiv, aber gleichzeitig fühlt er, dass wir in der Schuld stehen. In den Straßen der Großstädte geben viele Verkäufer den Passanten manchmal etwas und sagen ihnen, dass es wertlos ist, aber bevor sie gehen, sagen sie gewöhnlich: "Geben Sie mir im Gegenzug, was Sie wollen, um mich zu unterstützen". Auch Straßenmusiker, die das Leben auf der Straße beleben, verlangen in der Regel kein Geld für ihre Arbeit, um die Stimmung zu heben oder die angespannten Nerven zu beruhigen, und hinterlassen den Koffer ihres Instruments oder einen Hut, in dem die Leute oft nicht nur Münzen, sondern auch Geldscheine hinterlassen. Wenn man uneigennützig einen Gefallen tut und hört: "Danke", antwortet ein großer Prozentsatz der Menschen in der Regel: "Gern geschehen". Um unser Gehirn verbal umzuprogrammieren, ist es besser, zum Beispiel zu antworten: "Wer gibt, bekommt". Dies schafft eine Art Eigenwert für den Akt der Gegenseitigkeit.

2. Engagement und Beständigkeit:

Bei diesem Prinzip geht es um die Kohärenz und Verbindlichkeit zwischen dem, was wir sagen, und dem, was wir denken. Hat jemand bereits eine Aussage über eine Idee oder einen Vorschlag gemacht, die bzw. der an ihn gerichtet wurde, ist es wahrscheinlich, dass er diese annehmen wird Wir alle wünschen uns Konsistenz und Kohärenz zwischen unseren Ideen und unserem Handeln. Würden wir dieselbe Entscheidung ein zweites Mal treffen? Wenn wir mit "Nein" antworten, gibt es keinen Grund, "Ja" zu sagen, da wir in unserem Denken und Handeln nicht kohärent, geschweige denn konsistent sind.

3. Das Prinzip des Kontrasts:

Als Menschen nehmen wir Objekte und Dinge wahr, die nahe beieinander oder paarweise angeordnet sind, anstatt sie getrennt zu sehen. Wenn wir zum Beispiel in einen Supermarkt gehen, vergleichen wir immer die Marken von Erfrischungsgetränken, sowohl in Bezug auf die Menge, die Qualität und den Preis. Aus diesem Grund achten wir in praktisch allen Bereichen immer auf das Kosten-Nutzen-Verhältnis.

4. Sozialer Beweis:

Der Mensch neigt dazu, das Verhalten anderer als richtig anzusehen. Das heißt, wir versuchen immer, das Verhalten zu kopieren, sowohl das gute als auch das schlechte. Kollektive Überzeugungskraft bedeutet, dass man Menschen dazu bringt, etwas auszuführen, was sie bei anderen sehen.Wenn jemand in einer Warteschlange versucht, die Schlange zu umgehen, indem er sie durchbricht, um z. B. in ein Konzert zu gelangen, ist es fast sicher, dass die anderen es ihm nachmachen werden.

5. Wertschätzung und Ähnlichkeit:

Im Allgemeinen steigt das Ansehen einer Person durch ihren Ruf und ihr Aussehen. Wenn jemand als attraktiv oder stilvoll angesehen wird, werden die Menschen ihn eher akzeptieren und ihm gegenüber freundlicher sein. Jemand, der Charisma hat, ist fast immer schön oder auffällig. Ein Model oder ein hübsches Mädchen erregt die Aufmerksamkeit der meisten Menschen, wenn sie ein Produkt verkaufen. Auch die Ähnlichkeit spielt eine Rolle: Gemeinsamkeiten wie die Vorliebe für ein bestimmtes Essen, eine Region, eine Sportmannschaft, einen Autor, eine Religion, eine Sprache usw. führen dazu, dass Menschen uns viel eher akzeptieren als diejenigen, mit denen wir keine Ähnlichkeit oder Wertschätzung haben.

6. Autorschaft:

Wir neigen dazu, dem Status Glaubwürdigkeit zu verleihen, sei er nun sozial oder intellektuell. Wenn wir jemanden treffen und nicht wissen, was er oder sie macht, neigen wir dazu, unserem Glaubenssystem entsprechend zu glauben oder voreingenommen zu sein. Wenn diese Person mit uns über medizinische oder gesundheitliche Themen spricht, nehmen wir sie nicht ernst; aber wenn sie uns sagt, dass sie Arzt ist, dann sind wir bereits dazu geneigt, ihr volle Glaubwürdigkeit zu schenken, nur weil sie diesen Status hat. Das Gleiche passiert, wenn wir ein luxuriöses Auto im Vergleich zu einem viel Üblichen sehen: Wir assoziieren, dass der Fahrer eine mächtige, erfolgreiche und wichtige Person ist.

Es ist wichtig, diese sechs Grundsätze von Cialdini zu beherzigen, um nicht in die Fallen von Manipulatoren, Machiavellisten, Narzissten und Psychopathen zu tappen. Diese Persönlichkeiten sind ständig auf der Pirsch und warten auf eine Schwachstelle in unserer Persönlichkeit, um uns anzugreifen und sich auf unseren Hals zu stürzen.

Manche Menschen halten alle Fremden für freundliche Menschen, die versuchen, Gutes zu tun, ohne sich um wen zu kümmern, aber das Leben zeigt uns jeden Tag, dass es leider auch viel Böses gibt.

Es gibt immer Menschen, die Böses tun wollen, auch wenn der Rest der Menschheit danach strebt, Gutes zu tun. Wenn wir diese Grundsätze so intelligent wie möglich anwenden, können wir die psychologischen Fallen vermeiden, die uns auf Schritt und Tritt von Manipulatoren, Narzissten, Psychopathen, Maquiavelisten und andere Individuen der dunklen Triade der Sonalität werden platziert.

5 - Wie man vertrauensvoll kommuniziert

Ideen mit Durchsetzungsvermögen zu vermitteln (ein Ausdruck, der laut RAE bedeutet: Ideen klar und deutlich auszudrücken), ist nicht immer effektiv. Aus diesem Grund ist die Durchsetzungsfähigkeit eine der großen Fähigkeiten der emotionalen Intelligenz. Kurz gesagt, gibt es drei grundlegende Säulen der selbstbewussten Kommunikation, nämlich:

1. Klarheit und Konkretheit: Wir sollten in unserer Kommunikation präzise sein, ohne Zweideutigkeiten und ohne um den heißen Brei herumzureden.

Bei unseren Gesprächspartnern sollten keine Zweifel an unseren Ideen aufkommen.

2.   Kürze: Versuchen Sie, sich so kurz wie möglich zu fassen, d. h. die Idee in so wenigen Worten wie möglich zu vermitteln.

3.   Sich entschuldigen: Im Falle einer Meinungsverschiedenheit mit den Vorstellungen des Gesprächspartners die argumentativen Fehler übernehmen und sich dafür entschuldigen können.

Durchsetzungsfähige Kommunikation bedeutet nicht, aggressiv oder respektlos zu sein, sondern im Gegenteil: Sie bedeutet, konkret, präzise und direkt zu sein mit dem, was man mitteilen will, ohne Zweifel, ohne Zweideutigkeiten und ohne das Ausweichen von Verleugnung, oder, mit anderen Worten, zu wissen, wie man "nein" sagt, ohne um den heißen Brei herumzureden. Auf diese Weise werden Missverständnisse und Verwirrung und letztlich auch Konflikte vermieden, die nach einer einfachen Diskussion über gegensätzliche Ideen entstehen können.

Die Vorteile einer vertrauensvollen Kommunikation sind u. a:

- Stärkt das Selbstwertgefühl

- Sie ermöglicht es uns, die Gefühle zu erkennen, die uns in diesem Moment belasten.

- Indem wir mit Respekt gegenüber unseren Gesprächspartnern sprechen, stärken wir nicht nur, sondern auch die Selbstachtung.

- Die Kommunikation wird flüssiger.

- Wir treffen klügere Entscheidungen

- Beziehungen, die auf Aufrichtigkeit und Ehrlichkeit beruhen, werden gestärkt.

Durch das Üben von selbstbewusster Kommunikation werden die positiven Aspekte der emotionalen Verstärkung, wie Selbstvertrauen, Prägnanz und Selbstbeherrschung, verstärkt. Die Person gewinnt an Überzeugung und Selbstvertrauen in ihrer Rede, was sie zu einem effektiveren, direkteren Sprecher macht, der Ehrlichkeit und Glaubwürdigkeit auf andere ausstrahlt.

Um ein selbstbewusster Kommunikator zu werden, ist es wichtig, sich der Art und Weise bewusst zu sein, wie wir unsere Ideen kommunizieren: Sind wir frustriert, werden wir wütend, wenn wir herausgefordert werden, ist uns nach Weinen oder Schreien zumute? Um diese Art von Reaktivität zu vermeiden, muss man sich genau überlegen, was man sagen will, und zwar ruhig und gelassen, ohne dass es wie eine grundlose Anschuldigung oder ein Argument ad hominem klingt. Wenn man lernt, Nein zu sagen, stärkt das den Selbstwert und den Sinn für Ehrlichkeit. Hören Sie sich an, was wir sagen, nehmen Sie es auf und achten Sie auf eventuelle Fehler, die wir in unseren Äußerungen machen. Konzentrieren Sie sich auf das, was wir sagen, und lassen Sie sich nicht von Emotionen wie Euphorie, Angst, Wut oder Weinen mitreißen. Atmen Sie tief durch, hyperventilieren Sie nicht, das hält den Sauerstofffluss im Gehirn aufrecht.

6 - Linguistische Muster

Jedes Mal, wenn wir sprechen, manifestieren wir eine Reihe von sprachlichen Mustern, derer wir uns meist nicht bewusst sind. Wir wissen, welche Macht Worte haben, um andere zu überreden, zu befehlen, zu beeinflussen, ihren Willen zu erzwingen. Unser Gehirn trifft immer eine Wortwahl, die alle unsere Aktionen und Reaktionen bestimmt. "Verboten". "Nicht erlaubt". "Bleib weg". "Gefahr" usw. geben uns sofort das Gefühl, dass wir nicht einmal daran denken sollten, die Warnung zu übertreten. Genauso wie unser Gehirn dazu neigt, etwas nicht zu tun, weil wir Risiken ausgesetzt sind, gibt es auch andere Worte, die Auslöser dafür sind, den Sprung zu wagen und etwas zu tun: "Willkommen", "Danke", "Kostenlos", "Steuerfrei" oder auch die einfache Strategie, die Coca-Cola seit vielen Jahren verfolgt: "Enjoy life" oder "Keep Walking", vom berühmten Johnny Walker Whisky.

Manipulatoren und Psychopathen sind geschickt darin, die Emotionen anderer durch Sprache zu kontrollieren. Während der Prozesse gegen Ted Bundy, den sympathischen und charmanten Serienmörder, behauptete er beispielsweise stets seine Unschuld und wirkte auf die Zuschauer und Zuhörer überwältigt, emotional und verzweifelt, wenn er wiederholte: "Ich bin unschuldig; ich habe es nie getan, Euer Ehren". Die Art und Weise, wie wir die richtigen Worte zur richtigen Zeit wählen, um die richtige Wirkung zu erzielen:

"Ich bin unschuldig", scheint er dem Richter und den Geschworenen zuzurufen, damit ihnen kein Unrecht geschieht, obwohl Bundy im Hinterkopf wusste, dass er die abscheulichen Verbrechen, derer er beschuldigt wurde, vollständig, kaltblütig und gnadenlos begangen hatte. "Ich habe es nie getan", bekräftigt er seine Unschuldsvermutung, die

die ausgefeilte verbale Argumentation Bundys, der sich sowohl als Anwalt als auch als Psychologe stets als durchsetzungsfähiger Mann erwies, umhüllte.

Wie wir in den vorangegangenen Kapiteln gesehen haben, sind Politiker, religiöse Führer, Meinungsbildner, Journalisten und Persönlichkeiten aus der Wirtschaft oft Experten im Umgang mit sprachlichen Mustern:

"Die Hand Gottes", so nannten die Medien Maradonas Tor gegen England bei der Weltmeisterschaft 1986 in Mexiko. Dieser Ausdruck wurde bis zu seinem Tod zu einer der wichtigsten Identifikationsfiguren des argentinischen Spielers.

"Ich werde zurückkehren und ich werde Millionen sein", pflegte Evita Perón in ihren Reden an das argentinische Volk zu sagen, wenn sie durch ihre Krankheit geschwächt war, immer zusammen mit ihrem Mann, dem Caudillo Juan Domingo Perón. Mit dieser verbalen Strategie gelang es, den Präsidenten politisch so zu positionieren, dass die Bevölkerung ihn vorbehaltlos unterstützte, um an der Spitze der Macht zu bleiben.

"Vaterland oder Tod" war der Slogan kubanischer Revolutionäre wie Fidel Castro und Che Guevara, um den radikalen Charakter ihres bewaffneten Kampfes zu rechtfertigen.

Worte haben genug Macht, um die Gedanken anderer zu formen. Die Verwendung poetischer Formeln wie Metapher, Hyperbel und Synästhesie bedeutet, dass der verbale Diskurs subtil assimiliert werden kann, auch wenn er radikal und gewalttätig ist.

7- Gedanken eliminieren

Zu den NLP-Techniken gehört auch die Neudefinition von Gedanken, die mehr oder weniger darauf abzielt, sie endgültig aus unserem Bewusstsein zu verbannen. Vereinfacht ausgedrückt ist das so ähnlich wie das Auflösen eines negativen Ankers. So wie unser Verstand einen negativen Gedanken erzeugt hat, der uns veranlasst, weniger positiv über ein Ereignis, eine Person, einen Ort oder eine Idee zu denken, so können wir diesen Gedanken aus unserem Gehirn entfernen.

Im Zen-Buddhismus gibt es eine Meditationstechnik, die darauf abzielt, den Geist *tabula rasa zu* machen, d.h. völlig leer. "Wenn du an Schmerz denkst, ist der Schmerz da und bleibt da", sagen viele buddhistische Mönche oft. Der Zustand des Geistes ist wesentlich, um psychosomatische Zustände zu projizieren, d. h. der Geist kann Schmerzen, Symptome oder sogar Krankheiten erzeugen.

Wenn man sich zum Beispiel vorstellt, dass jemand in der Kindheit ein Trauma mit Hunden hatte, dass der Hund wütend auf das Kind zu rennt, die Zähne fletscht und sich auf das Kind stürzt, das die Person jedes Mal sieht, wenn ein Hund vor ihr auftaucht, wird das zu einer Falle, einem schmerzhaften und traumatischen Labyrinth.

"Es gibt eine Pforte, durch die du gehst. Daraus kommt ein Hund, der auf dich zu rennt; er fletscht wütend die Zähne, droht dich zu beißen und greift dich schließlich an".

Diese Abfolge von Ereignissen und Bildern löst jedes Mal, wenn ein Hund zu sehen ist, die emotionale Reaktion von Angst, Panik und Furcht aus: Portal - rennen - Zähne -

wütend - bedrohen - beißen. Es ist eine Formel, die ein Trauma erzeugt.

Die NLP-Technik zur Eliminierung dieser negativen Gedanken ist das Gegenteil.

"Es gibt ein Tor, das man durchquert." Dort ist ein sehr freundlicher Hund. Er wedelt mit dem Schwanz und kommt herüber, um gestreichelt zu werden. Es gibt dort nichts, was dich bedrohen könnte; es besteht keine Gefahr.

Projizieren Sie im Geiste diese völlig entgegengesetzte Sequenz zur vorhergehenden: Tor-kreuzen-Hund-freundlicher-Kampf-Schwanz-schleifen. Sie sind eine Formel, die das Bild des Angriffs und der Aggression hervorruft, die schließlich das Trauma verursacht haben.

Der Verstand erzeugt alles, was wir wissen: Ideen, Gedanken, Wünsche, Frustrationen, Ängste, Hoffnungen. Alles, was wir uns vorstellen können, wer wir sind und wie wir die Welt sehen und verstehen, hängt mit der Sprache zusammen, mit den Verben, Adjektiven, Substantiven, Metaphern, die die Vision der Welt ausmachen, die wir haben und die wir anderen mitteilen.

KAPITEL 5: WAS IST KVT?

5.1 Konzepte und Grundsätze zum Verständnis von KVT

Die Weiterentwicklung der Techniken und Therapien in der Psychologie hat es zunehmend ermöglicht, Traumata und emotionale Verletzungen sowie die übrigen Verletzungen, die aus Beziehungen mit Manipulatoren, Narzissten, Psychopathen und Persönlichkeiten der dunklen Triade resultieren, besser zu überwinden. Die kognitive Verhaltenstherapie (KVT) hat Tausenden von Patienten mit Angststörungen und Depressionen geholfen, die schwersten Krisen zu überwinden, die sie nach einem psychischen Trauma durchmachen mussten.

Wie der Name schon sagt, ist die KVT eine radikale Therapie, die im Extremfall Denk- und Verhaltensmuster verändert. Ihr Ziel ist es, den Patienten so weit wie möglich zu helfen, die mit Hilfe dieses therapeutischen Modells die Verhaltensmuster sowie die Denk- und Verbal Muster, die für die Entstehung von Konflikten verantwortlich sind, ändern können.

Obwohl Freuds Theorie der Psychoanalyse anfangs revolutionär für das Verständnis von Störungen, Traumata und Komplexen war, hat der Fortschritt in der Erforschung der menschlichen Psychologie zu einer Entwicklung in der Verhaltenstherapie geführt, wobei Persönlichkeiten wie der Psychiater Josep Wolpe und der Psychologe Arnold Lazarus als Pioniere der KVT angesehen werden können.

Im Rahmen des KVT-Modells zur Behandlung der verschiedenen psychischen Störungen wird der Patient dabei unterstützt, schrittweise seine Kernüberzeugungen zu ändern, die ihrerseits Verhaltensweisen, Gefühle und Gedanken integrieren, die sein Ich in ihm selbst sowie die Beziehung zu anderen und seine Zukunftsprojektion strukturieren (siehe Diagramm), und nach anderen, adaptiven Überzeugungen zu suchen.

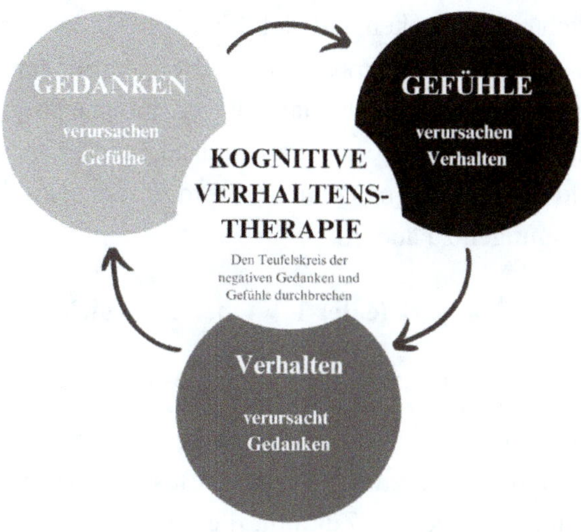

Diagramm der kognitiven Verhaltenstherapie

Zu Beginn der KVT muss sowohl der Patient als auch sein unmittelbares Umfeld einer gründlichen psychosozialen Bewertung unterzogen werden, da diese für den Prozess der Wiedereingliederung entscheidend ist. Das KVT-Modell der Psychotherapie sieht eine Behandlungsdauer von 10 bis 20 Sitzungen vor, wobei die meisten Patienten in der fünften oder sechsten Woche eine durchgreifende Besserung erfahren.

Andere moderne Psychotherapie-Konzepte wurden in die KVT integriert, wie z. B. die Achtsamkeit, die wiederum auf antiken Philosophien wie dem Stoizismus beruht, bei denen der Schwerpunkt darauf liegt, Gedanken über die Vergangenheit und die Zukunft beiseite zu schieben, um sich voll und ganz und objektiv auf die Gegenwart und all ihre Möglichkeiten zu konzentrieren.

Bei der KVT wird der Patient vom Therapeuten kontinuierlich mit Gedanken und Gefühlen konfrontiert, um neue Verstärkungen zu bewirken und so die Kognitionen an die Umgebung anzupassen. Es handelt sich um eine progressive Therapie, die sowohl vom Patienten als auch von seinem Umfeld ein großes Engagement erfordert, um seine Grundüberzeugungen zu ändern.

Einige der Hauptziele der KVT beziehen sich auf:

1.	Reduzieren Sie dysfunktionales Denken:

Nach Becks vorherrschendem kognitiven Modell der Depression: A) kognitive Triade: Beseitigung negativer Vorstellungen über die Zukunft, die Person im Besonderen und die Welt im Allgemeinen. B) Negative Schematisierung: Veränderung stabiler und dauerhafter negativer Denkmuster über das, was in der Vergangenheit erlebt wurde und was in der Zukunft erlebt werden wird. C) kognitive Verzerrungen: willkürliche und selektive Vorstellungen über Vergrößerung oder Verkleinerung, Dichotomie im Denken. Das bedeutet, dass es notwendig ist, das starre negative Denken zu ändern, logisch und kohärent zu sein, um sich von den negativen und dunklen Vorstellungen zu befreien, die man hat.

2. Stimulierung der Selbstkontrolle: Nach dem Modell der Erfassung depressiver Prozesse hängt die Selbstkontrolle von drei Faktoren ab: a) Selbsteinschätzung, b) Selbstverstärkung und c) Selbstüberwachung. KVT versucht, negative Rückkopplungsprozesse zu eliminieren und positive Rückkopplung zu erzwingen.

3. Stärkung der Konfliktlösungsfähigkeiten: Der Schwerpunkt liegt auf der Fähigkeit des Einzelnen, Ereignisse zu lösen, die eine hohe Belastung und Anfälligkeit für eine negative Einstellung des Einzelnen darstellen. Dies führt dazu, dass sie diese Ereignisse meiden und, falls sie ihnen begegnen müssen, eine große Menge an Frustration, Ärger und negativen Emotionen erzeugen.

4. Verstärkung des positiven Denkens: Ziel ist es, das positive Denken durch angenehme soziale Interaktionen mit der Umgebung zu fördern. Anfänglich kann die Beschwerde des Patienten dazu führen, dass er soziale Kreise anzieht, aber mit der Zeit wird er sich von ihnen distanzieren, wodurch seine Vorstellungen von seinem eigenen Konzept der Negativität verstärkt werden.

5.2 Die kognitive Verhaltenstherapie, ein sehr wirksames Mittel gegen die dunkle Psychologie:

Die KVT betont, dass wir uns den Ängsten stellen müssen, wenn sie uns zeigen. Dies ist von großer Bedeutung bei der Überwindung einer traumatischen Beziehung zu Persönlichkeiten der dunklen Triade, Manipulatoren, Narzissten und Machiavellisten. Da die Psyche des Opfers nach einer Beziehung mit einer dunklen Psychologie-Persönlichkeit verletzlich und anfällig für weitere Angriffe ist, hilft die KVT bei der Bewältigung des Beziehungstraumata, das aus solchen toxischen Beziehungen resultiert.

Das Gefühlsleben wird von kognitiven Prozessen abgeleitet. Emotionen entstehen also nicht durch alltägliche Ereignisse, sondern durch die Ereignisse, die uns widerfahren. Toxische Emotionen können also nur über den direkten Weg der KVT beseitigt werden, die Denk- und Verhaltensmuster verändert.

Unser Gehirn deutet auf Situationen unterschiedlich, doch jeder Mensch geht anders damit um. Beispiel: Angenommen, eine Person bekommt die verheerende Nachricht, dass sich ihr Partner entschieden hat, eine jahrelange Ehe mit zwei Kindern zu beenden. Wir haben hier zwei Beispiele für Probanden: Maria und Peter.

-Für Maria ist es das Ende ihres Lebens. "Es ist alles vorbei", denkt sie. Auch sie kommt auf verheerende Ideen, wie ihr eigenes Leben zu beenden. Sie ist in eine tiefe Depression gefallen: Sie trinkt, zieht sich nicht mehr an und hat keine Lust mehr, irgendetwas zu tun.

-Für Peter, der mit seinem Leben voller Schulden, Probleme und Arbeitsdruck schon genug zu tun hatte, sieht er dies als eine Gelegenheit, sich zu befreien. Er denkt darüber nach, die Reise seines Lebens zu machen, die er in den Jahren seiner Ehe aufgeschoben hat.

Maria hat negative Gedanken in Bezug auf die Scheidung, während Peter die Möglichkeiten inmitten einer Situation sieht, die für die meisten Menschen katastrophal sein kann.

Für die KVT ist es wichtig, dass es dem Patienten gelingt, sein Stadium der Angst und der dunklen Visionen über das Leben und die Zukunft zu überwinden, und zwar nicht nur, indem er versucht, darauf zu achten, dass die Gedanken immer positiv und naiv sind: Dann wäre die KVT nicht notwendig, um Probleme wie Angst, Depression und posttraumatischen Stress zu überwinden, wie im Falle eines Traumas, das aus einer Beziehung mit einem Psychopathen oder Mitgliedern der dunklen Triade resultiert.

Um besser zu verstehen, worum es bei der KVT im praktischen Sinne geht, sollten wir uns die wichtigsten Strategien ansehen.

Auflösen:

In der KVT ist es einfacher, eine Ansammlung erdrückender Emotionen wie Angst, Kummer oder Depression zu verstehen, wenn sie wie ein großes Puzzle zerlegt werden. Auf diese Weise kann man besser verstehen, wie jedes dieser Gefühle und Emotionen zu einem Schneeball wurde.

Strukturierung der Behandlung:

Es ist wichtig, die Verantwortung dafür zu übernehmen, was wir tun müssen, um uns zu verbessern oder aus dem Zustand der Niedergeschlagenheit herauszukommen, in dem uns der Manipulator, Narzisst oder Psychopath zurückgelassen hat. Die Quantität und Qualität der Behandlung, die wir erhalten, wird zu einer effektiveren Genesung beitragen. So können wir, wenn ein Gedanke oder ein Gefühl stärker ist, durch eine detaillierte Analyse eine andere Sichtweise darauf bekommen und es in die am besten geeignete Richtung lenken.

Wiederholung:

Die KVT beschränkt sich nicht nur auf die Couch oder das Büro des Therapeuten: Sie erfordert eine kontinuierliche Arbeit des Patienten, um die Methoden zu verstärken, die Gefühle umzulenken und sie im Geist zu verankern und die automatischen Auslöser für eine bestimmte Situation neu zu programmieren. Es sollte klargestellt werden, dass es keine Wundertherapie gibt, bei der der Patient nicht seinen Teil zur Genesung beitragen muss.

Um mit der Neuprogrammierung negativer Anker zu beginnen, bietet die KVT-Übungen an, die die negative Perspektive in eine hoffnungsvollere umwandeln:

Beispiel für das Durchbrechen mentaler Muster:

"Luis" ist ein Mann, der die Aufgaben eines Familienvaters und eines Selbständigen zu bewältigen hat. Mit seiner Frau und seinen Kindern läuft es nicht gut. Sie werfen ihm vor, dass er abwesend ist, dass er sich nicht mehr darum kümmert, am Wochenende mit ihnen zu spielen; auch seine Frau sagt ihm, dass er sie vernachlässigt hat. Andererseits nimmt seine Arbeit viel Zeit und Konzentration in Anspruch, aber er hat immer mehr Kunden, was ihn überfordert.

"Luis" trifft seinen besten Freund und erzählt ihm bei ein paar Bierchen von seiner Situation. Er ist überwältigt. Sein Freund sagt ihm, dass er die Dinge überdenken muss, aber dass er das Richtige tut. Luis opfert viel für das Wohlergehen seiner Familie, unter anderem auch Zeit, die er nicht mit seiner Familie und seiner Frau verbringen kann. Deshalb rät er ihm, mit ihnen zu sprechen, seine Zeit besser einzuteilen und die Arbeit mit seinen Kunden aufzuteilen. Auf diese Weise kann Luis durch die Aufteilung bzw. Dekonstruktion der Last seiner Arbeit sowie seiner Rolle als Vater und Ehemann besser arbeiten, ohne sich zu sehr mit vorwurfsvollen Gedanken belasten zu müssen.

"Mit einer gestärkten Geisteshaltung kann sich Luis nun um seine Arbeit und seine Familie kümmern." Er hat seine Zeit so aufgeteilt, dass er sich Zeit für sich selbst nehmen kann und nicht völlig in die beiden Pole seines Lebens eintauchen muss: seine Arbeit oder seine Familie. Es geht um Gleichgewicht und Disziplin.

5.3 Unseren Geist und unser Unbewusstes mit KVT freischalten

Der menschliche Geist produziert ständig Gedanken, Ideen, Konzepte und Gefühle. Das sind zwar nur Abstraktionen, aber sie belasten das Leben der Menschen erheblich. Nicht umsonst gibt es auf der ganzen Welt Therapiekliniken, Psychiater, Psychologen und Irrenhäuser für psychisch Kranke, und im Laufe der Menschheitsgeschichte musste mit psychischen Leiden umgegangen werden. In den meisten Industrie- und Entwicklungsländern leidet ein hoher Prozentsatz der Menschen an Angststörungen, Depressionen, Besessenheit, Eifersucht, Wut usw.

KVT hilft dabei, Denk- und Verhaltensmuster besser zu steuern. Wenn man von einer negativen Situation erfährt, wie z. B. dem Verlust des Arbeitsplatzes, dem Ende einer Beziehung oder der Ablehnung eines finanziellen Angebots, kann man sich von dem Schlag, den man erhalten hat, nicht erholen und sogar die bereits vorhandenen negativen Denkmuster dauerhaft verstärken.

In der KVT werden diese Muster als "automatische negative Gedanken" bezeichnet. Die Therapie lehrt uns, diese Gedanken zu kontrollieren, damit sie uns nicht schaden, und sie zu unserem Vorteil zu nutzen, wie eine Kampfsporttechnik, bei der wir die Stärke des Gegners nutzen, um ihn zu besiegen.

Gedanken, die Probleme verursachen, erkennen:

Wenn Gedanken wie Menschen wären, dann würden wir jedes Mal, wenn wir Kummer oder Depressionen kommen sehen, einfach den Platz im Bus wechseln oder den Bürgersteig überqueren, um nicht damit konfrontiert zu werden.

Negative Emotionen wahrnehmen lernen:

Wir wissen, dass uns negative Emotionen überkommen, wenn etwas Schlimmes passiert oder unmittelbar nachdem es passiert ist. Wir merken sofort, dass wir das Unbehagen oder die Sorge nicht abschütteln können und dass sie uns den ganzen Tag oder den Rest der Woche begleiten werden. Es ist wie eine Art Insekt, das sich in den Fasern unserer Kleidung festsetzt und das wir nicht abschütteln können und das uns Angst macht. Es hilft nicht, sich in negativen Gefühlen zu verankern und sie zu verstärken. "Das wird nicht gut gehen; mir fällt nichts ein, was ich während der Präsentation sagen könnte", denken wir vielleicht, anstatt positive Emotionen zu wecken und den Geist durch einen Stimulus wie Lesen, Musik hören oder Sport zu befreien, um den Kopf frei zu bekommen.

Sich nicht von negativen Gedanken leiten lassen:

"Ich bin sicher, dass sie nein sagen werden", denkt jemand, der einem Unternehmen einen Vorschlag für ein Werbeprojekt für ein neues Produkt unterbreiten will. Wenn man auf die kommenden negativen Gefühle spekuliert, verstärkt man sie noch. Lassen Sie Geduld und Disziplin walten, aber denken Sie nicht in metaphysischen Begriffen, bestrafen Sie sich nicht und lassen Sie sich nicht von Dingen überwältigen, die nicht eingetreten sind. Eine solche negative Verstärkung führt dazu, dass die Menschen in ein tiefes Loch der Hoffnungslosigkeit und Dunkelheit fallen.

5.4 Wie Therapeuten KVT bei Patienten anwenden

Ein großer Teil der KVT-Praxis besteht darin, Emotionen, die negative Gefühle und Verhaltensweisen auslösen, zu erkennen und Maßnahmen zu ergreifen, um sie umzukehren. Daher ist es ratsam, ein Logbuch zu führen, in dem Gedanken festgehalten werden, um sie zu neutralisieren.

Wenn die Leistungsüberprüfung, wie die KVT die Analyse von Empfindungen nennt, in der Therapie durchgeführt wird, kann der Patient mit dem folgenden Zyklus konfrontiert werden:

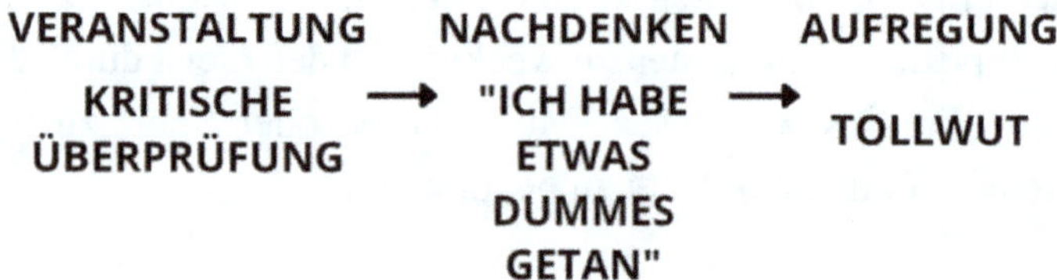

Die kritische Rückschau, d. h. die Analyse des Ereignisses, sollte nicht zunächst eine negative emotionale Reaktion mit einer Emotion wie Wut auslösen.

Wenn man in diesem Beispiel sieht, wie das Ereignis der kritischen Bewertung die Emotion des Ärgers auslöst, gibt es einen Gedanken, der zwischen den beiden, Ereignis und Emotion, steht: "Ich habe etwas Dummes getan". Dies ist das Mittel, das negative Emotionen auslöst.

Um diese Aufgabe zu erleichtern, können Sie mit diesem Modell jedes Mal, wenn Sie mit einem negativen Gedanken konfrontiert werden, eine Aufzeichnung machen. Sie sollten dies regelmäßig praktizieren, um Ihre Emotionen in den Griff zu bekommen. Auf diese Weise können Sie Ihre Gedanken überwachen, um zu vermeiden, dass Sie sich negative Gewohnheiten aneignen.

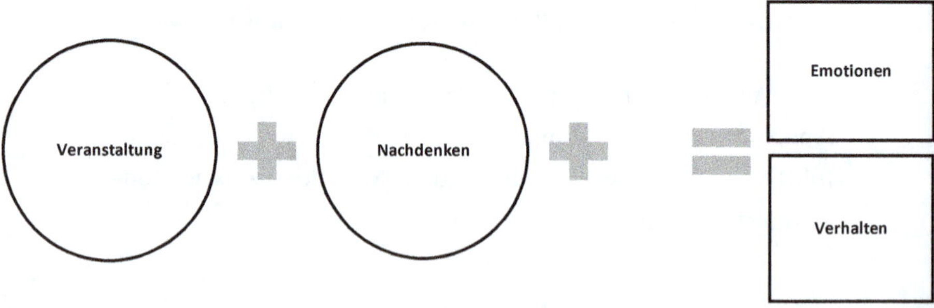

Der Prozess der Identifizierung der Gedanken, die uns während des Prozesses bedrängen, muss so lange wiederholt werden, bis er beherrscht wird, damit er automatisch abläuft. Die Gedanken sind manchmal mächtig genug, und jede dieser Komponenten kann während des gesamten Prozesses einen Einfluss auf die anderen haben: So wirken sich alle Gedanken und Verhaltensweisen auf den Rest des Prozesses aus, da sie eine Einheit bilden.

Ein negativer Gedanke ist vergleichbar mit dem, was passiert, wenn wir einen großen Stein in einen ruhigen See werfen: Die Wellen werden alle Ufer des Sees erreichen und seine Ruhe stören. Wenn wir also davon ausgehen, dass jeder negative Gedanke eine Welle ist, kann er auf eine andere Welle treffen und sich selbst verstärken, so dass seine Auswirkungen in unserem Geist widerhallen und einen regelrechten Tsunami der Negativität auslösen.

Beweise für die Gedanken finden

Die KVT ist im Wesentlichen praktisch, d. h. wenn Sie den Prozess perfektionieren, wird es Ihnen viel leichter fallen, Ihre Gedanken im Auge zu behalten, um zu verhindern, dass eine negative Emotion auftaucht. Verwenden Sie dieses Formular und füllen Sie es entsprechend den Angaben aus.

Beweise für mein Denken Beweise gegen dieses Denken

Beispiel: Ich bin frustriert	Ich bin sehr wütend auf mich selbst

**Haben Sie bei der Reflexion über diese Emotion ver-
sagt??**

Ex: Ich habe mich mitreißen lassen

**Inwiefern kann ein solches Gefühl objektiver und nütz-
licher sein??**

Z.B.: kohärenter und rationaler in der Assoziation von Empfindungen und Gedanken sein.

5.5 Giftige Gedanken aufspüren

Unser Verstand wird ständig von verschiedenen Gedanken bombardiert. Es ist nicht leicht, sie aus der Warteschlange herauszufiltern und nur die guten auszuwählen. Das ist etwas, womit wir lernen müssen, umzugehen. Eine der wirksamsten psychologischen Techniken besteht darin, dass wir versuchen zu wählen, welche Gedanken wir haben wollen und welche wir verwerfen wollen. In der Therapie nach einer Beziehung mit Persönlichkeiten der dunklen Triade raten die Therapeuten daher nicht nur, keine toxischen oder negativen Gedanken zu haben, die einen die Momente mit dieser Person wiedererleben lassen, die man vergessen möchte, sondern auch zu wissen, wie man sie erkennt und ihnen gegenüber selbstbewusst auftritt.

Es gibt Zeiten, in denen die Gedanken nicht besonders positiv sind. Selbst die optimistischsten Menschen haben Momente der Schwäche, der Niedergeschlagenheit und der Überforderung. Angst und Furcht sowie andere Emotionen sind an sich nicht schlecht, sie sind da und tauchen auf, sobald wir Hindernisse im Leben haben; was wirklich negativ ist, ist, in dem Moment zu verharren, in dem sie auftauchen, und sie nicht überwinden zu wollen.

Manche Menschen werden von schlechten Gefühlen abhängig. Sie geben ihnen sogar den Vorzug vor positiven Gefühlen. Das ist es, was wirklich toxisch ist und viele Menschen dazu bringt, sich das Leben zu nehmen. Die KVT lehrt uns, durchsetzungsfähig zu sein und mit dem Therapeuten zusammenzuarbeiten: nicht nur die Verantwortung für unsere psychologische Rehabilitation auf die Schultern des Therapeuten zu legen.

Es ist vor allem wichtig, in dem Moment, in dem wir diesen negativen oder toxischen Gedanken erkennen, ihn zur Kenntnis zu nehmen. Es ist wichtig zu wissen, in welchem Moment unser Geist auf diesen Zustand zusteuert, um zu wissen, was zu tun ist. Es ist wichtig, die Richtung unserer Gedanken zu ändern, die auf das Giftige hinauslaufen.

Wenn man in den Strudel der giftigen Gedanken gerät, ist der Verstand möglicherweise zu schwach, um sich ihnen zu entziehen. Das Opfer kann sie nicht abschütteln und gerät ständig in Depressionen, Angst, Wut oder Frustration, wie eine Maus in einer kreisförmigen Falle. Jeder Gedanke ist in der Regel mit einem Gefühl oder einer Empfindung verknüpft. Um aus dieser Falle herauszukommen, muss man den Zustand ändern, der durch dieses Gefühl erzeugt wird; nur so kann man sich von den toxischen Gedanken befreien.

Der Beitrag des Opfers der dunklen Triade ist von wesentlicher Bedeutung für die Überwindung des Traumas, das mit den toxischen Gefühlen und Gedanken verbunden ist, die der geistige Manipulator hinterlassen hat. Von der Einnahme psychoaktiver Substanzen oder anderer Drogen, die als weniger süchtig machend und schädlich gelten, wie z. B. Alkohol oder Marihuana, ist ebenfalls abzuraten. Manche Opfer greifen zum Alkohol, um der Realität zu entfliehen und das Trauma zu lindern, das die gescheiterte Beziehung mit dem Manipulator, Narzissten oder Psychopathen hinterlassen hat. Dabei übersehen sie jedoch, dass dies ein zweischneidiges Schwert sein kann: Diese Substanz ist ein starkes Beruhigungsmittel für das Nervensystem, so dass es nicht ratsam ist, sich in sie zu flüchten.

Es ist sehr einfach für den menschlichen Geist, ständig Vorurteile zu schaffen, das sind verbale oder gestische Muster. Sie sind so unmerklich, dass sie oft unbemerkt bleiben, bis sie sich so anhäufen, dass sie plötzlich explodieren. So ist es leicht, sich über jede Art von Verhalten zu ärgern, dass unser Gehirn als negativ erkennt und sofort ein Muster erzeugt.

Negative Belastungen bei der Arbeit

Jean arbeitet in einem Kundendienst Unternehmen. In seiner Rolle als Servicefachmann erhält er täglich etwa vierhundert Anrufe. Das wird ihm zu viel: negative Gedanken und Konflikte sind an der Tagesordnung. Das ist ein Grund, warum seine Kollegen Probleme mit ihren Vorgesetzten und mit den Kunden haben. Jean ist ein Mitarbeiter, der sich durch seine Fähigkeit, zuzuhören, und sein Durchsetzungsvermögen im Umgang mit Kundenbeschwerden auszeichnet.

Ein Kunde hat verärgert angerufen, weil er eine Störung bei seinem Internetdienst hatte.

"Ich glaube, es ist der letzte Strohhalm, wenn ihr nichts regelt", sagt der Mann am Telefon sichtlich genervt. Ich sollte das Geld von meiner nächsten Rechnung abziehen lassen.

"Ich werde alles tun, was ich kann, um ihm zu helfen", sagt Jean.

"Das sagen sie mir schon seit fast einer Woche", antwortet der Kunde, der zunehmend verwirrt wirkt.

Etwa fünf Minuten vergehen. Nach dem Warten in der Telefonleitung und der sich wiederholenden Musik gibt Jean dem Kunden schließlich eine Antwort. Er hat es geschafft, die Tage des technischen Versagens von seiner nächsten Rechnung abzuziehen; außerdem wird er ihm die Hälfte der Kosten für den Anschluss schenken.

-Was meinen Sie? -fragt er.

"Nun, so schlimm ist es doch nicht", sagt der Kunde und bedankt sich.

Sein Chef, der den Anruf vom Hauptquartier aus überwacht, sagt nichts zu Jean, als er mit ihm zusammenstößt. Er sagt ihm lediglich, er solle sich beim nächsten Mal mehr Mühe geben.

Dadurch entsteht in Jeans Kopf ein negatives Muster, das ihn demotiviert, seine Arbeit weiterhin gut zu machen. Wenn Sie Jean wären, würden Sie sich bei Ihrer Arbeit nicht unterfordert fühlen, sowohl durch den Kunden als auch durch Ihren Chef?

Negative Worte und Gesten haben einen negativen Beigeschmack. Wenn sie wiederholt werden, entsteht ein Muster der Negativität und damit der Toxizität. Dies ist eine Falle, vor der man schnell weglaufen sollte.

5.6 Veränderte Glaubensmuster

Überzeugungen führen dazu, dass wir die Welt auf eine bestimmte Art und Weise sehen; ist dies einmal geschehen, ist es sehr schwierig, die Form, die wir über etwas oder jemanden geschaffen haben, wieder rückgängig zu machen. Wenn sich eine Überzeugung erst einmal durchgesetzt hat, geschieht etwas Ähnliches wie die Personalisierung eines Geräts: Unsere Gedanken sind so organisiert, dass sie sich immer wieder um diese Idee drehen. Der Verstand neigt dazu, etwas aus einem bestimmten Blickwinkel zu sehen. Es ist sehr schwierig, diese Vorstellung zu ändern, aber mit der Hilfe eines Therapeuten ist es nicht unmöglich.

Wenn jemand eine Idee hat, wie z. B. Jean in seinem Job, wo er kein Feedback bekam, weder von Kunden noch von seinem Chef, neigen seine Gedanken dazu, negativ oder giftig über seine Arbeit zu sein. Dadurch entsteht eine Gefühlsschleife, in der man sich unwohl fühlt. Wenn man sich nicht von der Vorstellung löst, dass alles, was man tut, nicht anerkannt wird, kann man in einen Kreislauf geraten, der zu schweren Depressionen führt.

Die Persönlichkeiten der dunklen Triade wissen das sehr gut, und genau deshalb tun sie, was sie tun. Sie wissen, dass sie Ihr Selbstwertgefühl untergraben, wenn sie nicht erkennen, dass es Ihnen gut geht. Indem Sie die Saat der Unsicherheit in Ihrem Geist säen, öffnen Sie die Tür für Depressionen und all die Negativität, die toxische Gedanken mit sich bringen.

Es ist so, als ob Sie Ihr Desktop-Design auf Ihrem Computer immer auf Schwarz einstellen würden. Es mag Ihnen gefallen und Sie fühlen sich wohl damit, aber es ist nicht das Beste für Sie. Sie sollten darüber nachdenken, es anders einzustellen, mit etwas lebhaften und farbigen Tönen.

Das sind die Gedanken. Wenn Jean sich weiter quält, weil sein Chef oder seine Kunden ihn nicht als guten Arbeiter anerkennen, wird er darauf konditioniert, dass er dieses Feedback braucht, um sich mit seiner Arbeit wohl zu fühlen. Er muss bestätigt werden. Diese Menschen, die immer Schmeicheleien von anderen brauchen, sind diejenigen, die am schnellsten in Angstzustände und Depressionen verfallen.

Das menschliche Gehirn ist an Situationen angepasst, die für es in der Vergangenheit vorhersehbar waren. Auf diese Weise können wir Beziehungen zu neuen Menschen oder Situationen aufbauen. Wenn etwas nicht so geschieht, wie wir es erwarten, gibt es immer eine Art Dämon, der uns ins Ohr flüstert und uns die Schuld gibt.

Wenn das passiert, sollte man sich nicht darum kümmern. Geißeln Sie sich nicht selbst, wenn die Dinge nicht so laufen, wie Sie es erwarten, und stellen Sie sich vor allem taub gegenüber grundloser negativer Kritik, d. h. gegenüber Kritik, von der wir wissen, dass sie giftig ist oder die immer von derselben Person kommt, die uns schaden will

KAPITEL 6: EMOTIONALE INTELLIGENZ

6.1 Was ist emotionale Intelligenz

Der Begriff emotionale Intelligenz ist einer der am häufigsten genannten Begriffe in der Forschung der modernen Psychologie. Der Begriff EI (Emotionale Intelligenz) könnte kurz als die Fähigkeit definiert werden, mit Emotionen gut umzugehen, die Faktoren, die Stress und Konflikte mit anderen Menschen erzeugen, zu reduzieren und Unfrieden zu vermeiden. Die meisten Konflikte, die wir in unserem Leben erleben, haben mit Emotionen zu tun. Intoleranz, mangelndes Selbstmanagement von Emotionen, führt zu Konfrontationen, Streit und Kämpfen in allen Bereichen des Lebens.

Obwohl die meisten Arten von Intelligenz, wie z. B. das Erlernen eines Instruments und das Lesen von Musik, manchmal angeboren sind und zum genetischen Paket eines jeden Menschen gehören, müssen diese Fähigkeiten im Falle der EI erlernt werden, um Emotionen auf die beste Weise zu steuern.

Trotz der Tatsache, dass die Entwicklung und Evolution unseres Gehirns dazu geführt hat, dass wir dem Rest der Spezies überlegen sind, spielen für viele Experten wie Soziologen und Biologen Emotionen eine sehr wichtige Rolle bei der Entwicklung der menschlichen Zivilisation. Schließlich sind wir gesellige Tiere, wie Delphine, Schimpansen, Wölfe und andere Arten.

Die Vernunft könnte mit dem Kutscher verglichen werden, der mit einer Reitgerte ausgestattet ist und das Pferd an den Zügeln führt, aber es sind die Emotionen, die das Pferd repräsentiert, die die ganze Kutsche bewegen, einschließlich des Kutschers selbst. Was alle Arten von Beziehungen zu Mitgliedern unserer eigenen menschlichen Spezies bestimmt, auch wenn wir uns rühmen, weniger tierisch als Primaten zu sein, weil wir den Gebrauch der Vernunft haben, sind die Emotionen und wie wir mit ihnen umgehen.

Obwohl wir in einer Welt leben, in der wir immer mehr Möglichkeiten haben, zu kommunizieren, Aufgaben zu erfüllen, große Wolkenkratzer zu bauen, Raumfähren zu bauen, die uns in die Stratosphäre bringen, und Roboter, die den Weltraum durchqueren, um zu anderen Planeten zu reisen, um dort Proben zu nehmen, zu forschen und sicher zurückzukehren, sind wir tief im Inneren immer noch so emotional wie unsere Vorfahren, die Mammuts und Säbelzahntigern gegenüberstanden.

Psychopathen, Manipulatoren, Narzissten und Machiavellisten verhalten sich, wie zu Beginn des Buches erwähnt, wie die großen Raubtiere, indem sie ihre Gefühle so weit wie möglich unterdrücken oder mit ihnen spielen, um das Beste aus ihren Opfern herauszuholen. Emotionale Intelligenz zielt darauf ab, diese emotionalen Raubtiere in unserer Gesellschaft zu bekämpfen, indem wir die Fähigkeiten der Vernunft nutzen, um die tieferen Emotionen und Impulse unseres Reptiliengehirns zu steuern.

6.2 Emotionale Intelligenz nutzen, um dunkler Psychologie entgegenzuwirken

Die meisten Traumata und emotionalen Probleme des Erwachsenenalters haben ihren Ursprung in der Kindheit. Dies kann auf ein schlechtes EI-Management während dieser entscheidenden Phase in der Entwicklung der Persönlichkeit und des Charakters eines Menschen zurückzuführen sein. Glücklicherweise gibt es heute eine Vielzahl von Möglichkeiten, Traumata durch Therapie zu überwinden. Allerdings sind die Traumata, die im Erwachsenenalter auftreten, für viele Menschen oft unüberwindbar. Die Konfrontation mit den negativen und toxischen Kräften der Menschen in der dunklen Triade zehrt an der emotionalen Widerstandskraft eines jeden.

Die Erkenntnis, dass die unternommenen Anstrengungen nicht ausreichen und im Gegenzug nur Misshandlungen, Manipulationen, Lügen, Betrug, Ausbeutung usw. erhalten werden, führt die Opfer der dunklen Triade in ein Tal des Schmerzes, der Depression und der Angst, aus dem sich leider nicht alle Opfer befreien können.

Die Statistiken über das Eheglück sind heute pessimistischer als in den fünfziger oder siebziger Jahren des zwanzigsten Jahrhunderts. Das Aufkommen des Individualismus hat dazu geführt, dass Gefühle, Engagement und Treue in den Kühlschrank gestellt werden, anstatt affektive Stabilität und den Aufbau eines gemeinsamen Projekts zu fördern. Der Mangel an Empathie einer Persönlichkeit der dunklen Triade zeigt sich jedoch nicht nur im sentimentalen Bereich der Ehe oder in affektiven Beziehungen.

Heutzutage hört man häufig von Fällen von Missbrauch am Arbeitsplatz. Der Wettbewerb, der zunehmende Mangel an Beschäftigungsmöglichkeiten und andere wirtschaftliche und soziale Phänomene führen dazu, dass Menschen in der Lage sind, ihre Macht über Untergebene auszuüben und dies auszunutzen, um ihre Seite der dunklen Triade zu zeigen.

Chefs, die ihre Untergebenen misshandeln, Kollegen, die versuchen, ihre Kollegen aus dem Weg zu räumen, um die Arbeitsplätze ihrer Kollegen zu übernehmen, Lügen, Verleumdungsstrategien, öffentliche Demütigung, Diskriminierung usw. Dies ist ein Szenario, das in den meisten großen und kleinen Unternehmen immer häufiger vorkommt.

Die Kenntnis der Grundlagen der Emotionalen Intelligenz ermöglicht Strategien, um die Pläne des Manipulators zu durchkreuzen; sie bietet auch dem Opfer einen großen Vorteil, um sich zu verteidigen und aus einer verheerenden Begegnung mit einem Manipulator, Narzissten, Psychopathen oder Machiavellisten so wenig emotional verletzt wie möglich hervorzugehen. Wenn das Opfer lernt, diese Persönlichkeiten der dunklen Triade zu erkennen, kann es vermeiden, sich auf eine traumatische Beziehung einzulassen, die sich aus dem Umgang mit diesen Menschen ergibt.

Lernen, mit Kritik umzugehen:

Kritik kann manchmal positiv oder negativ sein. Je nachdem, worauf sie gerichtet ist, kann sie für den Empfänger verheerend sein. Nicht alle Menschen nehmen Kritik auf die gleiche Weise auf. Dies ist oft der Fall, wenn eine dunkle

Persönlichkeit in der Mitte einer Interaktion alle ihre Waffen hervorholt.

"Emily" war eine Kundenbetreuerin bei einer Firma, die Videospiele entwickelt. Frank, ihr Chef, der leitende Vizepräsident, war sehr bissig und hatte keine Skrupel, seine Meinung zu sagen. Während einer Projektpräsentation, bei der Emily darlegen wollte, dass ihre Produktentwicklung auf dem hart umkämpften Markt eine vielversprechende Zukunft hatte, wurde sie von Frank unterbrochen:

-Mir scheint, dass das, was Sie uns vorlegen, noch kein endgültiger Entwurf ist", sagte Frank verächtlich; "es sieht eher wie ein Entwurf von einem Entwurf aus, wenn wir ihn auf den Markt bringen, wird uns die Konkurrenz zerreißen und ablecken.

"Emily" bekam einen Wutanfall und beendete, völlig gedemütigt, ihre Präsentation. Sie schloss sich im Badezimmer ihres Büros ein, um zu weinen. Als sie wieder herauskam, waren ihre Augen rot und geschwollen. Ihre Emotionen waren mindestens eine Woche lang auf der Kippe. Sie wurde depressiv, begann ihre Diät zu brechen und aß an den folgenden Wochenenden mehrere Liter Eiscreme.

"Zwei Wochen später schickte Frank nach Emily in sein Büro." Neben ihr saß der CEO eines der wichtigsten Unternehmen der Welt.

"Sie haben mich für etwas gebraucht, Frank", erwiderte Emily hochmütig, "bei meiner Projektpräsentation war klar, dass ich hier nichts zu suchen habe. Ich nutze die Tatsache, dass unser CEO hier ist, um mein Rücktrittsschreiben einzureichen.

Steven, der Geschäftsführer des Unternehmens, wies Emily auf den Platz vor dem Schreibtisch. Er lud sie ein, an der Vorführung teilzunehmen. Emily drehte sich in ihrem Stuhl um und schaute auf den Monitor. Sie war überrascht, ihr Projekt zu sehen, das gleiche Projekt, das Frank zum Narren gehalten hatte.

"Emily, du bist eine der besten Designerinnen, die wir haben, und wir haben nicht vor, dich gehen zu lassen", sagte Frank zu ihr. Ich wollte mich bei Steven entschuldigen, vielleicht weil ich nicht wusste, wie ich mich am besten ausdrücken sollte, ich kann nicht gut mit Kritik umgehen. Ich bin zu sehr ein Perfektionist und entschuldige mich.

Emilys Projekt wurde überarbeitet und erneut veröffentlicht, bis die Fehler behoben waren. Als es veröffentlicht wurde, war es eines der erfolgreichsten Spiele des Jahres. Nach diesem Erfolg ist Emily jetzt Entwicklungsleiter bei einem multinationalen Videospiel Unternehmen.

Die Fähigkeit, zu erkennen, wann es sich bei Kritik um eine solche handelt und nicht um einen Mechanismus zur Zerstörung des Selbstwertgefühls, ist eine der Fähigkeiten, die EI ermöglichen. Empathische Menschen neigen dazu, zu erkennen, wenn sie im Unrecht sind oder versagen; die Persönlichkeit der dunklen Triade hingegen bedauert nicht, etwas gesagt oder getan zu haben: Es ist ihnen einfach egal, ob sie Schaden verursacht haben. In der Defensive zu bleiben und nicht auf Angriffe zu reagieren, die unser Selbstwertgefühl untergraben wollen, ist eine wirksame Methode, um uns mit emotionaler Intelligenz zu verteidigen.

Vermeiden von Argumenten oder Irrtümern

Eine der wichtigsten Waffen dunkler Persönlichkeiten in einer Debatte oder Diskussion ist der Angriff oder der Ad-hominem-Fehlschluss. Dieser besteht in der Rhetorik hauptsächlich darin, nicht das Argument oder die Idee anzugreifen, sondern die Person, die sie äußert:

"Während einer Redaktionssitzung einer großen Zeitung, in der es darum ging, warum eine Schlagzeile besser geeignet sei, um Aufmerksamkeit zu erregen", schlug Andrew, einer der Redakteure, vor, eine Anspielung auf den Sturz der linken Regierung zu machen.

-Von dir kann man nichts erwarten", antwortete Jason, ein anderer Redakteur, "wenn du diesen kleinen Schnurrbart trägst wie dein recht faschistisches Idol."

Dies ist ein Beispiel für einen Ad-hominem-Kommentar oder eine Kritik, die darauf abzielt, unser Selbstwertgefühl zu zerstören, und zwar zu keinem anderen Zweck als dem, seine Zähne zu zeigen. Es hat nichts mit der Überschrift einer Nachricht zu tun, die durch das Erscheinungsbild oder die vermeintlich rechte politische Ideologie von Andrew auffälliger werden soll.

Persönlichkeiten der dunklen Triade neigen dazu, rücksichtslos zu sein, diejenigen zu demütigen und bloßzustellen, die sie als minderwertig betrachten. Seien Sie also immer offen, wenn Sie ein Kompliment machen oder Kritik annehmen. Es ist auch wichtig, dass dies unter vier Augen geschieht und nicht in der Öffentlichkeit. Der Versuch, die Person, die Sie in der Öffentlichkeit bloßstellen will, zum

Schweigen zu bringen, indem man ihr Dinge unter vier Augen sagt, ist eine Strategie, die nie scheitert, da wir wissen, dass die Persönlichkeiten dieser Personen sehr zerbrechlich sind; fast alle diese Personen sind nicht in der Lage, zu ihren Fehlern zu stehen oder in der Öffentlichkeit für das, was sie gesagt haben, einzustehen. Wenn Sie also Ihre Achillesferse einsetzen, können Sie sich bei Ihnen revanchieren und zeigen, dass Sie keine Angst vor ihnen haben.

Tolerant sein

Heutzutage ist es schwieriger, vor einem Kollektiv Stellung zu beziehen, da sich immer mehr Persönlichkeiten der dunklen Triade hinter progressiver und demokratischer Politik verstecken. Wenn jemand versucht, Sie zu belästigen, weil Sie nicht für das sind, was die Mehrheit oder diese oder jene politische Partei oder Bewegung denkt, zeigen Sie Toleranz und lassen Sie sich nicht provozieren.

6.3 Die 10 Techniken für eine bessere emotionale Intelligenz

1. positiv sein:

Positives Denken erweist sich immer als die Waffe, die von denen am meisten verabscheut wird, die Sie in einer Situation der Depression oder Niedergeschlagenheit sehen wollen. Bleiben Sie immer optimistisch, auch wenn es so aussieht, als ob alles zusammenbricht. Wissenschaftliche Untersuchungen haben ergeben, dass Menschen, die optimistisch sind, viel seltener einen Herzinfarkt oder ähnliche Probleme erleiden. Eine gute Lebenseinstellung verbessert das Immunsystem und macht uns widerstandsfähiger gegen Mikroben und Viren. Wenn eine Persönlichkeit der dunklen

Triade etwas Negatives zu Ihnen sagt, können Sie sie einfach ignorieren oder sagen: "Einen schönen Tag noch".

2. Umgeben Sie sich mit einem Freundeskreis:

Freunde sind die Art von Familie, die wir wählen. Freunde lassen uns die schlimmsten Momente vergessen. Wir spüren ihre Unterstützung immer dann, wenn wir sie am meisten brauchen. Sie sind auch eine Therapie, die uns hilft, unseren Optimismus zu bewahren. Wir sollten nie aufhören, auf einen Freund zu zählen, ihm unsere Ängste zu erzählen, ihn um Rat oder Hilfe zu bitten. Persönlichkeiten der dunklen Triade hindern uns immer daran, uns von unseren Freunden zu distanzieren, um unsere Gefühle vollständig unter Kontrolle zu haben.

3. Eine gewisse Frustrationstoleranz haben:

Eines der schwierigsten Dinge, die man in unserer Zeit bewältigen kann, ist die Frustrationstoleranz. In der heutigen Gesellschaft, die immer mehr und immer bessere Leistungen verlangt, um im beruflichen und akademischen Wettbewerb bestehen zu können, kann es frustrierend sein, zu akzeptieren, dass man eine Niederlage erlitten hat oder seine Wünsche nicht erfüllt werden, so dass viele Menschen in Depressionen verfallen: vor allem Jugendliche und junge Erwachsene, die am Anfang ihres Lebens stehen. Es ist wichtig, sich vor Augen zu halten, dass jeder irgendwann die Gelegenheit haben wird, seine Fähigkeiten zu zeigen und dafür anerkannt zu werden. Geduld und Disziplin sind sehr wichtig, um dem wachsenden Mangel an Toleranz gegenüber der Enttäuschung über unsere Wünsche entgegenzuwirken.

4. Selbstbewußtsein:

Um die Kontrolle über Gefühle und Gedanken zu erlangen, muss man sich selbst besser kennenlernen. Wenn man auf seinen Körper und seinen Geist hört, kann man die Emotionen, die durch alltägliche Ereignisse ausgelöst werden können, besser kontrollieren. Die Kontrolle über Emotionen, Emotionalität, Aufregung und Freude, aber vor allem über negative Emotionen, das Hören auf das, was wir in diesem Moment fühlen, ist einer der Schlüssel zu einer besseren emotionalen Intelligenz.

5. Anderen Bedeutung beimessen:

Die Großstädte haben uns zu immer stärker nach innen gerichteten Menschen gemacht. Wir nehmen uns nicht die Zeit, unsere Nachbarn oder die Arbeitskollegen kennenzulernen, mit denen wir einen Großteil der Stunden des Tages verbringen. Umarmen ist eine Geste, die heute fast vergessen ist. In anderen einen Teil von uns selbst zu erkennen, ist eine wesentliche Voraussetzung für mehr Empathie und damit für emotionale Intelligenz. Sich fünf Minuten Zeit zu nehmen, um mit anderen zu sprechen und ihnen zuzuhören, ist Teil einer ganzheitlichen emotionalen Therapie.

6. Nachdenken, bevor man etwas tut:

Impulsivität ist einer der Fallen, in die wir tappen. Wir lassen uns von dem mitreißen, was wir gerade fühlen, ohne vorher zu überlegen: Was werde ich tun, warum tue ich es, warum tue ich es? Mitten in einem hitzigen Streit zu atmen, sich die Zeit zu nehmen, bevor man das Wort sagt, das eine Konfrontation eskalieren lassen kann, kann den großen Unterschied zwischen einem Wortwechsel und einem größeren

Zwischenfall ausmachen. Wenn wir also nachdenken und auf unsere Gefühle hören, fühlen wir uns besser, und wir müssen uns keine Vorwürfe machen für das, was wir getan haben.

7. Uns selbst und andere motivieren:

Selbstmotivation ist ein sehr nützliches Instrument. Um voranzukommen, brauchen wir nicht nur die Anerkennung anderer, sondern wir müssen uns selbst zuerst erkennen. Das ist der Schlüssel. Selbstvertrauen und Selbstmotivation machen uns selbstbewusst in dem, was wir tun, ohne dass wir die Bestätigung von anderen suchen müssen. Genauso wie wir erwarten, für unsere täglichen Anstrengungen anerkannt zu werden, müssen wir auch von anderen anerkannt werden: "Das hast du gut gemacht" ist das, was wir sagen sollten und was wir hören wollen.

8. Lösung von Konflikten durch Dialog:

Die Lösung von Konflikten geht zuerst über den Verstand, aber die meisten Menschen entscheiden sich dafür, einen Ausweg zu suchen, der zwar einfacher erscheint, sich aber als der komplexeste erweist. Der Verstand muss der Filter für alle Handlungen sein; wenn wir nur einen Moment lang über die Folgen von Gewalt nachdenken, kann uns das zu einer Torheit verleiten. Der Dialog wird immer der beste Weg sein, um zu diskutieren und Lösungen für ein Problem zu finden, so komplex es auch erscheinen mag.

9. Weisen Sie mit Nachdruck auf das Negative hin:

Die Versuchung, bei einer Beurteilung oder Kritik nur das Schlechte hervorzuheben und das Gute zu ignorieren, ist der Grund dafür, dass menschliche Beziehungen angespannt sind. Jemanden auf seine Fehler hinzuweisen, bedeutet nicht, ihn zu erniedrigen oder zu verachten, sondern die Angelegenheit objektiv zu betrachten. Dinge zu sagen, ohne die Person, die wir kritisieren, grundlos zu verletzen, d. h. aufgrund der Vorstellung, die wir von dieser Person haben, oder aufgrund ihrer Ideen, bedeutet, selbstbewusst und respektvoll zu sein.

10. Emotionen erkennen:

Wenn wir Emotionen erkennen, können wir sie viel leichter bewältigen, als wenn wir sie einfach ignorieren und uns weigern, anzuerkennen, dass sie da sind. Indem wir die Fähigkeit entwickeln, uns mit positiven, aber vor allem mit negativen Emotionen auseinanderzusetzen, lernen wir, unsere Reaktionen selbst zu steuern, und werden zu viel ausgeglicheneren Menschen. Das Anlegen einer Tabelle mit Beobachtungen darüber, wie wir uns bei einem bestimmten Ereignis oder Vorfall fühlen, ermöglicht es uns, den Grund für diese emotionale Reaktion zu bewerten: Warum reagiere ich so? Was kann ich tun, um dieser Reaktion entgegenzuwirken? Wenn wir wissen, wie wir mit Ärger, Wut, Frustration, Eifersucht usw. umgehen können, können wir mit der Unterstützung eines Therapeuten unsere emotionale Intelligenz verbessern.

6.4 Emotionale Intelligenz zur Wiederanpassung des Geistes nach einem Trauma

Sobald die toxische Persönlichkeit des Missbrauchers und Manipulators beseitigt ist, wird der Verstand des Opfers aufgerissen. Diese emotionale Auswirkung führt zu einer Reihe von Veränderungen in der Art und Weise, wie sie die

Welt wahrnehmen. Nichts ist mehr so, wie es war, denkt das Opfer, und es hat das Gefühl, dass es etwas von seinem Geist verloren hat. Nicht umsonst bezeichnen viele Experten diesen emotionalen Missbrauch als Parallele zur körperlichen Vergewaltigung. Die Aufgabe des emotionalen Missbrauchers, des psychologischen Raubtiers, ist genau das: die emotionalen, psychischen und energetischen Ressourcen der Person, die er aus einem Kartenspiel ausgewählt hat, von seiner Beute zu erhalten.

Die Kindheit ist eine der einflussreichsten Phasen im Leben eines Menschen. Wenn ein Kind misshandelt wird, nicht nur körperlich, sondern auch psychisch, verändert sich sein Gehirn. Spiegelneuronen sind ein Mechanismus, durch den wir uns als Säugetiere mit einem hochkomplexen Nervensystem angesichts von Empathie, Ablehnung, Aggression, Zuneigung und dem gesamten emotionalen Spektrum, das wir von dem Moment an in uns tragen, wenn wir auf die Welt kommen, identifiziert fühlen.

Nach einer Reihe von wiederholten Aggressionen wird das kindliche Gehirn nachweislich weniger empathisch, d. h. es lehnt Aggressionen, Schreien, Schlagen usw. nicht mehr instinktiv ab, sondern identifiziert sich mit solchen Verhaltensweisen als Mittel der Kommunikation mit seiner Umwelt. Viele Psychopathen, Soziopathen, Narzissten, Machiavellisten und andere Persönlichkeiten der dunklen Triade haben ihr Verhalten aus diesen traumatischen Erfahrungen in ihrer Kindheit entwickelt.

Die Aufgabe der emotionalen Intelligenz und anderer psychologischer Therapie Ressourcen besteht darin, den Verstand nach diesen schmerzhaften Episoden, die so viel

Schaden anrichten, wieder anzupassen. Diejenigen, die Opfer oder Zeugen von grausamen Ereignissen wie Massakern, Attentaten oder anderen Gewalttaten waren, werden von der Spirale aus Blut und Tod, der sie beigewohnt haben, gezeichnet; das ständige Echo dieser Ereignisse wiederholt sich in ihren Köpfen, als würden sie sie jeden Moment wieder erleben, besonders wenn sie an den Ort zurückkehren, an dem sie geschehen sind.

Das Gleiche passiert, wenn jemand Opfer der Handlungen eines Manipulators geworden ist. Diese Menschen durchleben diese Ereignisse mit Gegenständen, die sie an ihren Manipulator und Missbraucher erinnern; wenn sie die Orte aufsuchen, an denen sie mit ihnen zusammen waren; wenn sie die gleichen Speisen essen, die sie mit diesen räuberischen Persönlichkeiten gekostet haben, und so weiter. Manchmal werden sie von diesen Traumata nicht nur im Wachzustand, sondern auch im Schlaf heimgesucht: Die Albträume mit den Tätern wiederholen sich oft und verlaufen nach einem zyklischen und qualvollen Muster.

Die posttraumatische Belastungsstörung (PTBS) führt dazu, dass das Opfer bei jedem Auslöser, z. B. einem Geräusch, einem Bild, einem Ort usw., das Erlebte im Geiste noch einmal durchlebt, als wäre es ein Siegel, das durch Feuer in die Haut eingraviert wurde. Im wahrsten Sinne des Wortes gibt es Narben, die sich im Kopf festsetzen. Der Prozess der Wiederanpassung nach einem Trauma ist nicht einfach, aber mit der Mitarbeit des Patienten und intensiver Arbeit ist es möglich, die damit verbundenen Symptome zu lindern.

Die Wiederanpassung durch emotionale Intelligenz nach diesen Traumata in Beziehungen mit Persönlichkeiten der dunklen Triade beginnt mit der Überwindung dessen, was Psychologen konditionierte Angst nennen. Diese besteht im Wesentlichen darin, dass der Verstand des Opfers immer nach einer Assoziation mit dem erlebten Trauma sucht, die sich in jedem Auslöser manifestieren kann, der nicht direkt mit dem Ereignis in Verbindung steht. Das bedeutet, dass das Opfer das Leben nicht mehr so genießen kann wie früher; seine Sicht auf die Welt wird düster und pessimistisch: Es ist in eine Grube der Angst und Depression gefallen, aus der es immer schwerer wird, herauszukommen.

Auch wenn die emotionale Schädigung der Hirn Schaltkreise manchmal sehr stark ist, ist es möglich, den Patienten zu rehabilitieren, wenn das Gehirn durch eine Reihe idealer Erfahrungen neu angepasst wird, um die durch das Trauma beschädigten Verbindungen im Kortex zu reparieren. Panik wird in der Amygdala gespeichert, daher muss die Behandlung auf der Ebene der Kortex Region erfolgen.

Bei Kindern ist das wirksamste Mittel, um die durch TDEP verursachten Schäden allmählich rückgängig zu machen, das Spiel; bei Erwachsenen, z. B. bei Menschen, die Zeuge eines Mordes, eines Krieges oder ähnlicher Ereignisse waren, verfügt das Gehirn über einen Mechanismus zur emotionalen Blockierung von Mustern, die uns an das Trauma erinnern.

Eine der wirkungsvollsten Therapieformen, darin sind sich die Experten einig, ist das künstlerische Schaffen. Schreiben ist eine Therapieform, die es der Amygdala ermöglicht, traumatische Erinnerungen zu bereinigen oder neu zu verarbeiten, indem sie durch Geschichten, Schriften, Tagebücher und andere literarische Übungen aufgearbeitet werden; auch Malerei oder Musik haben therapeutische Wirkungen, die vom Experten definiert werden müssen, da jeder Fall besonders und einzigartig ist und es daher kein Rezept gibt, das bei allen Patienten funktioniert.

Die Kunst hat mit Emotionen zu tun, daher durchlebt der Patient durch diesen Mechanismus Erinnerungen wieder und schafft es, ihnen durch eine Neuinterpretation vom ästhetischen Standpunkt eine neue Wendung zu geben. Bei der emotionalen Rehabilitation geht es darum, das Vertrauen und die Sicherheit in den Beziehungen zu anderen Menschen wiederzuerlangen; es ist wichtig, die nötige Ruhe zu finden, um Angstzustände zu vermeiden. Das Opfer muss bestimmte Fähigkeiten der emotionalen Intelligenz neu erlernen, indem es die aus dem TDEP-Trauma resultierenden Symptome im Rahmen eines langen Trauerprozesses verarbeitet.

Die schrittweise Überwindung der Hilflosigkeit und der Schuldgefühle, die die Ereignisse, die zum Trauma geführt haben, verursacht haben, ist ein wichtiger Schritt in der Therapie. Eine der Auswirkungen von TDEP ist, dass die Amygdala, das Nervenzentrum der Ängste, die tief in unserem Gehirn sitzen, viel empfindlicher wird.

Eine psychologische Therapie mit kreativen Aktivitäten, Spielen und emotionaler Wiederanpassung sollte je nach Patienten manchmal durch die Gabe von Medikamenten ergänzt werden. Ruhig zu bleiben, Dinge zu vermeiden, die Angst oder Kummer auslösen, wie Meditation, Yoga oder Entspannungstechniken, kann langsam helfen, sich wieder in soziale Kreise einzugliedern und das Vertrauen in andere zurückzugewinnen.

Der Prozess des Wieder Erzählens des Traumas und der Rückbesinnung auf die Details ermöglicht es der Amygdala des Gehirns, sich den Emotionen auf gesunde und rationale Weise wieder anzupassen. Der Prozess der Rekonstruktion aller schmerzhaften Details ist für den Patienten entscheidend, um das Tal des Schmerzes zu überwinden. In jedem Fall müssen Sie von einem erfahrenen Therapeuten begleitet werden, der Ihren Fall sehr gut kennt. Das Führen eines detaillierten Tagebuchs über die Gefühle und Ereignisse im Zusammenhang mit den Taten, die das Trauma verursacht haben, ist der Schlüssel zur emotionalen Rehabilitation des Opfers.

6.5 Emotionales Lernen als Rehabilitation

Wenn die Amygdala im Gehirn die Episoden, die das Trauma ausgelöst haben, noch einmal durchlebt, treten die gleichen Empfindungen auf, die unser Gehirn beeinflusst haben. Dies erzeugt großes Leid bei den Opfern, die immer wieder in emotionale Notlagen mit Schreien, Weinen, Leiden, Schuldgefühlen, Depressionen und Ängsten geraten. Die Großhirnrinde, der am weitesten entwickelte Teil unseres Gehirns, ist jedoch dazu da, die Dinge zu ordnen. Sie hat die Aufgabe, die Gefühle rational zu steuern, und dieser Bereich ist hauptsächlich für die kohärente und konsistente Steuerung der Emotionen verantwortlich; mit anderen Worten, die Großhirnrinde ist für das Gleichgewicht der Emotionen und der Gedanken zuständig, das die Amygdala auslöst, wenn traumatische Episoden wiederkehren.

Obwohl das System der Emotionen, mit dem wir ausgestattet sind, uns dazu bringt, uns pünktlich an etwas zu erinnern und es auf die eine oder andere Weise zu assoziieren, d.h. sowohl positiv als auch negativ, müssen diese Emotionen, wenn sie negativ sind, nicht dort bleiben, um unseren Geist zu Tode zu quälen. Das Lernen durch emotionale Intelligenz ermöglicht es dem Neokortex, die Tendenz der Amygdala, emotional außer Kontrolle zu geraten, anders zu verarbeiten. Auch wenn negative Emotionen, wenn sie uns überkommen, nicht ausgeschaltet werden können, wie wenn wir nach Lust und Laune auf einen Knopf an einem Gerät drücken, so ist es doch möglich, wenn wir bei der therapeutischen Umerziehung der emotionalen Intelligenz nach einem Trauma Fortschritte gemacht haben, die Kontrolle darüber zu übernehmen, wie sehr wir der Amygdala erlauben, unser Verhalten zu verändern.

Es ist möglich, Emotionen zu kontrollieren, genauso wie es möglich ist, ein Tier dazu zu bringen, sein Verhalten zu konditionieren. Pawlow entdeckte dies mit seinem berühmten Experiment, bei dem er Hunde darauf konditionierte, Speichel zu produzieren, wenn eine Glühbirne eingeschaltet wurde. Es ist zwar unmöglich zu verhindern, dass uns beispielsweise eine Erinnerung nostalgisch oder traurig macht, aber wir können sie so gut wie möglich steuern, indem wir unsere Großhirnrinde so einsetzen, dass sie so wenig wie möglich bis zu dem Punkt anhält, an dem sie uns so stark beeinträchtigt, dass wir stunden- oder sogar tagelang niedergeschlagen sind.

In der Psychotherapie geht es darum, der Hirnrinde beizubringen, die von der Amygdala ausgelösten Emotionen so zu steuern, dass sie so undramatisch wie möglich sind. Als soziale Wesen brauchen wir unser ganzes Leben lang den

Kontakt zu anderen Menschen. Die Psychotherapie ermöglicht es dem Patienten, der mit den Erinnerungen konfrontiert wird, die ihn berühren und eine emotionale Reaktion auslösen, diese so weit wie möglich zu bewältigen, indem er die Kontrolle über diese Flut von Gefühlen und Emotionen übernimmt, die ihn zuvor beeinflusst haben.

Es ermöglicht Ihnen auch zu kontrollieren, was Ihr Kortex will und nicht, was Ihre Amygdala Ihnen vorschreibt: Das bedeutet viel mehr Kontrolle über Ihre Auslöser und Ihre Reaktion auf Ihre emotionale Reaktion auf das Trauma. Wenn der Patient die Hinweise des Therapeuten anwendet und beginnt, seine Emotionen besser zu kennen und zu steuern, kann er allmählich wieder gesunde und positive Beziehungen zu anderen Menschen aufbauen, ohne die anfängliche Angst, die schmerzhaften Umstände zu wiederholen, die die Ereignisse ausgelöst haben, die die schlechten Erinnerungen zurückbringen.

Wann immer der Gedanke an das Trauma auftaucht, ist die Amygdala bereit, einen ganzen Cocktail von Neurochemikalien freisetzen, die das Gehirn aus dem Gleichgewicht bringen. Eine auf emotionale Intelligenz ausgerichtete Therapie bewirkt, dass die Großhirnrinde über ein Frühwarnsystem verfügt, wenn sie spürt, dass eine Welle negativer Emotionen bevorsteht. Durch die Wiederholung und Neuanpassung ihrer traumatischen Geschichte mit Hilfe von Therapie Instrumenten wie Schreiben, Animation und Reassimilation des Geschehenen wird das Opfer der dunklen Triade allmählich in der Lage sein, seine Emotionen vom kortikalen Bereich und nicht von der Amygdala aus zu steuern, was seine künftigen Beziehungen viel fruchtbarer und positiver macht.

Die Rehabilitation Therapie der emotionalen Intelligenz für Opfer von Manipulatoren, Missbrauchern und Raubtieren der dunklen Triade soll das Gehirn so umschulen, dass es gesünder, positiver und intelligenter darauf reagiert, wie wir uns fühlen, wenn andere negativ oder giftig auf uns reagieren.

SCHLUSSFOLGERUNG

Durch die Seiten dieses Buches haben wir etwas über die Komplexität und Tiefe des Geistes der Persönlichkeiten erfahren, die als die dunkle Triade bekannt sind. Wir wissen, dass wir uns in einer zunehmend wettbewerbsorientierten Welt befinden, in der Emotionen, Werte, Ideen und vor allem Menschen von anderen als Teil eines schmutzigen Spiels benutzt werden, in dem es darum geht, das zu bekommen, was sie im Sinn haben, ohne Rücksicht auf den anderen. In den letzten Jahren häufen sich die Berichte von Opfern von Psychopathen, Narzissten, Machiavellisten und Manipulatoren, die andere als bloße Instrumente nutzen, um sich selbst zu befriedigen.

Das tägliche Leben zwingt uns mehr denn je, Kontakte zu knüpfen. Wir leben nicht in einer isolierten Welt: Jeden Tag müssen wir mit Menschen interagieren, nicht nur dort, wo wir herkommen, sondern in der ganzen Welt. Das macht uns viel anfälliger für die dunkle Triade der Psychopathen, Narzissten und Machiavellisten.

Das Hauptziel dieses Buches ist es, zu zeigen, wie das Phänomen der Manipulation und die Mentalität der Individuen der dunklen Triade in erster Linie darauf abzielen, andere Menschen auszunutzen, um von ihren Opfern zu erfahren, was sie wollen. Das Ziel dieses Buches ist es, dem Leser zu zeigen, mit welcher Art von Person er es an seinem Arbeitsplatz, an der Universität, in der Nachbarschaft, im Freundeskreis oder sogar - und das ist ein Muster, das sich in erschreckender Weise wiederholt - im Innersten der Familie zu tun hat, wo wir eigentlich völliges Vertrauen und Sicherheit haben sollten.

Der Leser wird von Anfang an verstehen können, wie sich Ideen, Gedanken und Gefühle im Gehirn einer Person manifestieren, die zur dunklen Triade gehört. Für die psychologische Wissenschaft und die Psychiatrie sind Psychopathie, Machiavellismus, Narzissmus und das Spektrum der dunklen Persönlichkeiten eine Anomalie in der Psychologie. Obwohl die Wissenschaft in der Vergangenheit mit Fällen von Menschen konfrontiert wurde, die mit großer Grausamkeit und mangelndem Einfühlungsvermögen gegenüber anderen handelten, ist es erst in der modernen Zeit, in der Technologie, Medizin und Psychologie die Hauptstützen der Forschung sind, möglich gewesen, zu bestimmen, welche Faktoren jemanden zu einer dunklen Persönlichkeit Triade machen.

Hinter der Maske der Güte, der Freundlichkeit, der guten Absichten, der Empathie und der Sentimentalität verbergen sich die verstörendsten und beunruhigendsten Persönlichkeiten, die jeden erschaudern lassen, der ihre Gedanken über andere Menschen kennt. Die gefährlichsten Psychopathen sind nicht nur in Gefängnissen und anderen Strafvollzugsanstalten anzutreffen, sondern auch in ganz gewöhnlichen Umgebungen wie Büros, Universitäts Klassen, Schulen, Stadtvierteln, Kirchen und sogar in den sozialen Clubs der gebildeten und wohlhabenden Gesellschaftsschichten.

Die Persönlichkeitsstörungen der dunklen Triade sind nicht nur auf die Randgruppen der Gesellschaft oder die Psychiatrie beschränkt: Auf den Seiten dieses Buches haben wir gesehen, wie Manipulatoren und Psychopathen Macht über Millionen von Menschen ausüben oder sich das Vertrauen ihrer unschuldigen und wohlmeinenden Opfer erschleichen und sie aufgrund ihrer Naivität in den Tod treiben.

Der Leser erfährt, wie Psychopathen denken, was sie von empathischen oder emotional gesunden Menschen unterscheidet und wie man sich gegen ihre zerstörerischen Handlungen wehren kann. In diesem Buch finden Sie eine praktische Anleitung, um zu verstehen, wie und warum Sie manipuliert werden, wie Sie handeln können und was Sie tun müssen, um aus dem Labyrinth herauszukommen, in dem die dunkle Persönlichkeit, die Sie ausgenutzt hat, Sie zurückgelassen hat.

Zunächst einmal sollte klargestellt werden, dass dieses Buch nicht als Handbuch gedacht ist, das die Autorität und das Wissen von Experten für emotionale Unterstützung (Psychologen, Psychiater und Therapeuten) ersetzen soll, sondern einfach als Leitfaden zum Verständnis dieser störenden Geister, die in jeder Ecke unseres Lebens lauern.

Das Erkennen des Manipulators in einer Beziehung kann großen emotionalen Schaden, ja sogar ein Trauma verhindern, von dem Sie sich ohne fachkundige Beratung vielleicht nicht mehr erholen können. Ebenso könnte die Kenntnis der Absichten eines potenziellen Geschäftspartners Ihr Unternehmen oder Geschäft, in das Sie so viel Zeit und Mühe investiert haben, vor dem Bankrott bewahren oder Sie vor ernsthaften rechtlichen Problemen bewahren, wenn Sie die Warnungen und Verhaltensweisen einer der makabren Persönlichkeiten erkennen, die in diesem Buch vorgestellt werden.

Möge jede Seite dieses Buches ein Leitfaden sein, um sich vorsichtig durch die unruhigen Gewässer zu bewegen, in denen sich die räuberischen Persönlichkeiten der dunklen Triade tummeln: Psychopathen, Machiavellisten, Narzissten und Manipulatoren, die andere als bloße Beute betrachten, an der sie ihre Instinkte des Egoismus, der Grausamkeit und des Mangels an Empathie befriedigen können.

LITERATURVERZEICHNIS

KONSULTIERTE BÜCHER:

- *Leon Miller*. Dunkle Psychologie und Manipulation. 2020.

- *Romilla Ready, Kate Burton, Xavier Guix (Berater)*. NLP für Dummies. 2008.

- *Daniel Goleman*. Emotionale Intelligenz, warum sie wichtiger ist als der IQ.

- *Javier Luxor*. Das kleine Buch der Beeinflussung und Überredung.

- *Brad Wood*. Manipulation, der heilige Gral der dunklen Psychologie.

- *Seth Gillihan*. Kognitive Verhaltenstherapie leicht gemacht. 2018.

- *Robert Hare*. Kein Gewissen.

- *Macht ohne Grenzen: die neue Wissenschaft der persönlichen Entwicklung*. Anthony-Robbins

- *Von Kröten zu Prinzen*. Richard Bandler und John Grinder

- *NLP für Dummies* (Romilla Ready, Kate Burton, Xavier Guix)

- Das schwarze Buch der Überredungskunst. Alejandro llantada

- Das kleine Buch der Beeinflussung und Überredung. Javier Luxor

- Zerstörerische Emotionen. Daniel Goleman

- Kognitive Verhaltenstherapie: 10 Strategien zur Bewältigung von Depressionen, Ängsten und Stress. Seth J. Gilihan

- Influence The Psychology Of Persuasion: Die Psycho logie der Überredung. Robert B. Cialdini

LINKS:

- Richard E. Petty, John T. Cacioppo. THE ELABO RATION LIKELIHOOD MODEL OF PERSUA SION. Copyright 0 1986 von Academic Press. Inc. 181 S. https://richarde-petty.com/wp_mit_tent/uploads/2019/01/1986-advances-pet_tycacioppo.pdf

- Das psychobiologische Persönlichkeitsmodell von Ey senck: eine in die Zukunft projizierte Geschichte. Schmidt,V.*,Firpo, L.,Vion,D.,DeCostaOliván,M. E., Casella,L., Cuenya,L,Blum,G.D.,andPedrón,V. https://revistapsicolo gia.org/index.php/revista/article/view/63/60

- Hare Psychopathie-Test. Hare's Psychopathy Test: https://www.psicologia-online.com/test-de-psicopatia-de-robert-hare-3959.html